Psicologia geral

Dados Internacionais de Catalogação na Publicação (CIP)
(Câmara Brasileira do Livro, SP, Brasil)

P674p   Braghirolli, Elaine Maria
            Psicologia Geral, por Elaine Maria Braghirolli, Guy
Paulo Bisi, Luiz Antônio Rizzon e Ugo Nicoletto,
36. ed. – Petrópolis, RJ : Vozes, 2015.

            8ª reimpressão, 2024.

            ISBN 978-85-326-0714-0

            A 1ª ed. foi publicada com o título: Psicologia.

                                                        CDU.159.9

(Ficha elaborada por B.H. Rech. CRB 10/337)

Elaine Maria Braghirolli
Guy Paulo Bisi
Luiz Antônio Rizzon
Ugo Nicoletto

Psicologia geral

Petrópolis

© 1995, Editora Vozes, Ltda.
Rua Frei Luís, 100
25689-900 Petrópolis, RJ
www.vozes.com.br
Brasil

Todos os direitos reservados. Nenhuma parte desta obra poderá ser reproduzida ou transmitida por qualquer forma e/ou quaisquer meios (eletrônico ou mecânico, incluindo fotocópia e gravação) ou arquivada em qualquer sistema ou banco de dados sem permissão escrita da editora.

CONSELHO EDITORIAL	PRODUÇÃO EDITORIAL
Diretor	Aline L.R. de Barros
Volney J. Berkenbrock	Jailson Scota
	Marcelo Telles
Editores	Mirela de Oliveira
Aline dos Santos Carneiro	Natália França
Edrian Josué Pasini	Otaviano M. Cunha
Marilac Loraine Oleniki	Priscilla A.F. Alves
Welder Lancieri Marchini	Rafael de Oliveira
	Samuel Rezende
Conselheiros	Vanessa Luz
Elói Dionísio Piva	Verônica M. Guedes
Francisco Morás	
Gilberto Gonçalves Garcia	
Ludovico Garmus	
Teobaldo Heidemann	

Secretário executivo
Leonardo A.R.T. dos Santos

Editoração e org. literária: Irmã Maria Margarida Rossi
Diagramação: AG.SR Desenv. Gráfico
Capa: Omar Santos

ISBN 978-85-326-0714-0

Este livro foi composto e impresso pela Editora Vozes Ltda.

Sumário

Apresentação, 11

Parte 1
Psicologia como ciência do comportamento

Cap. 1 – PSICOLOGIA HOJE, 15
   Algumas palavras de advertência, 15
   Desenvolvimento histórico da Psicologia, 17
   Principais posições atuais em Psicologia, 25
   O conceito de Psicologia, 28
   Amplitude e aplicação da Psicologia, 32
   Profissionais em Psicologia, 34
   Relação da Psicologia com outras ciências, 35

Cap. 2 – MÉTODOS DE PESQUISA EM PSICOLOGIA, 37
   Métodos da Psicologia, 37
   Etapas e variáveis da pesquisa, 38
      Experimentação, 39
      Observação, 43
      Levantamento, 46
      Teste, 47
      Estudo de caso, 49
   A estatística em Psicologia, 50
   A questão ética, 51

Cap. 3 – FUNDAMENTOS BIOLÓGICOS DO COMPORTAMENTO, 52
   Introdução, 52
   Mecanismos fisiológicos do comportamento, 53
   Mecanismo receptor, 54
      Os sentidos, 54
      Os receptores, 54
      Limites da experiência sensorial, 55

Mecanismo efetor, 56
  Os músculos, 56
  As glândulas, 57
Mecanismo conector, 58
  Sistema Nervoso Central, 59
  Sistema Nervoso Periférico, 62
  Sistema Nervoso Autônomo, 62
  Técnicas de estudo do cérebro, 62
  O córtex cerebral, 64

Cap. 4 – FUNDAMENTOS SOCIOLÓGICOS DO COMPORTAMENTO, 66
  Introdução, 67
  O comportamento social do indivíduo, 68
    Socialização, 69
    Percepção social, 70
    Atitudes, 71
  O comportamento do grupo, 74
    Grupo, posição, *status* e papel, 74
    Liderança, 77

Parte 2
Processos básicos do comportamento

Cap. 5 – PERCEPÇÃO, 83
  Sensação e percepção, 83
  Determinantes da percepção, 84
  Aprendizagem e percepção, 86
  A constância perceptiva, 87
  Organização perceptiva, 89
  Percepção de movimento, 92
  Percepção de profundidade, 93
  As ilusões perceptuais, 95
  Percepção extrassensorial, 98

Cap. 6 – MOTIVAÇÃO, 99
  Introdução, 99
  Classificação de motivos, 101
    Motivos de sobrevivência, 103
    Motivos sociais, 108
    Motivos do Eu, 111

Teorias da motivação, 113
   Teoria behaviorista, 113
   Teoria cognitiva, 114
   Teoria psicanalítica, 115
   Teoria humanista, 116

Cap. 7 – EMOÇÃO, 117
   Razão ou coração?, 117
   O que é emoção?, 118
   Manifestação das emoções, 119
   Desenvolvimento emocional, 119
   Emoção e motivação, 121
   Tópicos referentes às emoções, 121
      Diferenças individuais e culturais, 121
      Emoção e ajustamento, 122
      Emoção e desempenho, 123
      Detector de mentiras, 123
      O cérebro e as emoções, 124

Cap. 8 – APRENDIZAGEM, 126
   Importância da aprendizagem, 126
   Comportamento aprendido X comportamento instintivo, 127
   Conceito de aprendizagem, 128
   Tipos de aprendizagem, 129
      Aprendizagem por condicionamento simples, 130
      Aprendizagem por condicionamento operante ou instrumental, 133
      Aprendizagem por ensaio-e-erro, 138
      Aprendizagem por imitação ou observação, 139
      Aprendizagem por discernimento ou *insight*, 141
      Aprendizagem por raciocínio, 142

Cap. 9 – INTELIGÊNCIA, 145
   Introdução, 145
   Conceito de inteligência, 146
   Inteligência animal, 147
   Mensuração da inteligência, 147
      Idade mental e QI: o Teste Stanford-Binet, 147
      QI de adultos, 150
      Tipos de testes, 152

Indivíduos excepcionais, 152
   Retardados mentais, 152
   Superdotados, 153
A questão da hereditariedade X meio, 154
Teorias sobre a composição da inteligência, 155
   Teoria dos dois fatores, 156
   Teoria dos fatores múltiplos, 156
   Teoria dos grupos de fatores, 156
Relações entre inteligência e outras variáveis, 157
   Inteligência e idade, 157
   Inteligência e sexo, 159
   Inteligência e raça, 159
   Inteligência e classe socioeconômica, 160
   Inteligência e êxito na escola, 160
   Inteligência e ocupação, 161
   Inteligência e criatividade, 161

Cap. 10 – DESENVOLVIMENTO, 163
   Introdução, 163
   O desenvolvimento pré-natal e o nascimento, 164
   O desenvolvimento físico, 165
   O desenvolvimento emocional e social, 166
   O desenvolvimento intelectual, 170

Parte 3
Personalidade

Cap. 11 – CONCEITO, FORMAÇÃO E MEDIDA DA PERSONALIDADE, 175
   Conceito de personalidade, 175
   A formação da personalidade, 177
      Personalidade e hereditariedade, 177
      Tipos de estudos sobre a questão hereditariedade e meio ambiente, 182
   Medida da personalidade, 185

Cap. 12 – TEORIAS DA PERSONALIDADE, 188
   Introdução: Teoria ou teorias? Por quê?, 188
   Teoria constitucional de Sheldon, 189
   Teoria psicanalítica de Freud, 191
      Métodos de estudos, 192
      Estrutura e dinâmica da personalidade, 193

Níveis de consciência, 194
  Desenvolvimento psicossexual, 195
  Considerações a respeito da Teoria Psicanalítica, 197
Teoria Humanista de Rogers, 198
  Conceitos básicos, 198
  Terapia centrada no cliente, 199
  Considerações sobre a Teoria Humanista, 200
A personalidade e a teoria da aprendizagem, 200

Cap. 13 – CONFLITO, FRUSTRAÇÃO E AJUSTAMENTO, 203
  Introdução, 203
  Conflito, 204
  Frustração, 205
  Ansiedade, 208
  Mecanismos de defesa, 209
  Ajustamento, 211

Cap. 14 – COMPORTAMENTO ANORMAL, 215
  Psicopatologia, 215
  Perturbações transitórias e situacionais, 215
    Reações traumáticas ao combate, 216
    Reação a catástrofes civis, 216
    Reação à tensão crônica de situação, 217
  Neuroses, 217
    Reação de ansiedade, 218
    Reação fóbica, 218
    Reação de conversão, 219
    Reação obsessivo-compulsiva, 219
  Psicoses, 220
    Psicoses psicogênicas ou funcionais, 221
    Psicopatia, 224
    Psicoses orgânicas, 225
  Psicoterapia, 227
    Conceito, 227
    Enfoques principais, 227

Bibliografia, 231

Apresentação

Em 1978, a UCS editava o livro Psicologia, destes mesmos autores. Procurava-se, com ele, atingir dois objetivos principais: cobrir o vasto campo da Psicologia nos seus princípios fundamentais e fazê-lo de forma a facilitar a compreensão pelos alunos que ingressam no curso superior.

Os dois anos em que foi usado como texto básico nas aulas de Psicologia do Primeiro Ciclo, e a receptividade de outras universidades brasileiras, atestaram sua adequação para aquelas finalidades.

Apesar disto, o desejo de atualização e aperfeiçoamento contínuos lançou os autores numa tarefa de revisão da obra.

Quando finalmente a reformulação se completou, o trabalho pareceu tão diferente do inicial, que não se julgou prudente chamá-lo de "2ª edição", mas, sim, dar-lhe um novo título e considerá-lo uma nova obra.

Em alguns capítulos, como os que tratam de Percepção, Motivação, Aprendizagem e Teorias da Personalidade, são relativamente poucas as alterações, mas, nos demais, a própria estrutura foi modificada. Dois temas mereceram capítulos à parte: Inteligência e Desenvolvimento.

Procurou-se, além disso, dar à obra uma feição didática. Cada capítulo é precedido pelos objetivos de aprendizagem e finalizado com questões sobre as ideias centrais.

Acredita-se que objetivos expressos e questionamento promovem um processo ensino-aprendizagem mais eficiente, por serem mais direcionados e ativos.

O depoimento dos alunos costuma dar à Psicologia o status de disciplina atraente, porém nem sempre fácil.

Espera-se que este livro-texto seja um instrumento facilitador da aprendizagem e que torne o estudo da Psicologia ainda mais interessante.

Os Autores.

PARTE 1
Psicologia como ciência do comportamento

CAPÍTULO 1

Psicologia hoje

OBJETIVOS DE APRENDIZAGEM

Depois de estudar este capítulo, você deverá ser capaz de:
- indicar os mais importantes marcos do desenvolvimento histórico da Psicologia;
- nomear as principais posições teóricas atuais em Psicologia e caracterizá-las em linhas gerais;
- conceituar Psicologia referindo-se ao significado atual de seu objeto de estudo e justificar sua caracterização como ciência;
- mostrar a amplitude e aplicação da Psicologia atual, apontando seus principais subcampos e áreas de aplicação;
- nomear e distinguir os principais profissionais em Psicologia;
- expor a relação da Psicologia com outras ciências, oferecendo alguns exemplos.

Algumas palavras de advertência

"Psicologia" é uma palavra que tem, para o leigo, um sentido bem pouco definido. Ela pode sugerir muitas coisas para uma mesma pessoa e também coisas diferentes para pessoas diferentes.

Um levantamento breve das expectativas comuns de quem vai iniciar seus estudos em Psicologia ilustra bem esta diversidade de concepções. Alguns acreditam que vão estudar as causas e características do desequilíbrio mental; outros esperam aprender como lidar com crianças em suas sucessivas etapas desenvolvimentais; há os que pretendem alcançar a compreensão das regras do bom relacionamento interpessoal; alguns expressam o desejo de poderem vir a psicanalisar pessoas; outros, ainda, almejam treinar-se em mensuração da inteligência; e encontram-se, também, os que, querem, de forma mais vaga, vir a "compreender o ser humano".

Esta lista de expectativas, a par do aspecto altamente positivo que é a predisposição favorável em relação à disciplina, indica a amplitude de conceituações e permite supor uma crença pretensiosa que merece algumas palavras de advertência.

Trata-se da crença generalizada de que todos nós somos "psicólogos práticos", o que se costuma "comprovar" pela nossa quase "infalível" capacidade de "julgar" as pessoas.

Acreditamo-nos, em suma, conhecedores da "natureza humana".

Apesar de ser verdade que, por pertencermos, nós mesmos, à espécie humana, devamos conhecer alguma coisa a seu respeito e, também, que alguns indivíduos são, realmente, mais hábeis do que outros ao avaliar ou ao relacionar-se com os demais, estes "conhecimentos" não são científicos.

É preciso deixar claro que a Psicologia vem se desenvolvendo na base de esforços sérios, de métodos que exigem observação e experimentação cuidadosamente controladas.

Não se trata, pois, de uma coleção de "palpites" sobre o ser humano, sua conduta e seus processos mentais.

A Psicologia é uma ciência.

O estudante precisa adotar, desde logo, uma postura científica, isto é, examinar o que já foi estabelecido pela ciência, e o que ainda não recebeu explicação satisfatória, rejeitar toda concepção que não tiver sido submetida a estudos e comprovação rigorosos; em suma, precisa adotar um espírito crítico que desconfie, sempre, de "conhecimentos naturais" sobre as pessoas.

Além desta crença generalizada de que todos somos psicólogos, encontra-se comumente outra: a de que é impossível estabelecer-se algum conhecimento válido para todos os seres humanos. Os argumentos para esta colocação costumam ser dois: ou que o ser humano é dotado de livre-arbítrio e, portanto, cada um se comporta como quer; ou que a natureza humana é, por si mesma, misteriosa, insondável, complexa demais.

Sejam quais forem os argumentos, acreditar na impossibilidade de generalização sobre o homem tem como decorrência imediata e lógica desacreditar na possibilidade de uma ciência sobre o homem.

O que se verifica, entretanto, é que a Psicologia vem se desenvolvendo, estabelecendo generalizações válidas, apesar da real complexidade e diversidade da conduta humana e apesar, também, da controvérsia sobre a "vontade própria" do homem.

Outro problema se acrescenta: muitos pseudopsicólogos escrevem livros, dão conferências, atuam em "clínicas", montam "testes" em revistas populares e, assim, contribuem bastante para fornecer uma falsa imagem da Psicologia e podem até vir a ser altamente prejudiciais, tanto por iludirem os incautos como por desmoralizarem a ciência.

Novamente, aqui, impõe-se o espírito crítico. O estudante deve perguntar-se qual a formação de tais pessoas, de onde provêm seus "conhecimentos", quais os fundamentos dos "testes" e dos procedimentos "clínicos". Existem pessoas comprovadamente idôneas no exercício de profissões que usam basicamente a Psicologia, que podem ser consultadas, se não houver outros meios de certificar-se da validade de tais livros, testes, palestras, etc.

Uma última advertência se refere ao vocabulário psicológico. Palavras como "inteligência", "personalidade", "criatividade" e muitas outras são usadas pelo público leigo com sentido bastante diverso (e bastante indefinido) daquele que têm no vocabulário científico. Este fato causa dificuldades para o estudante que precisa aprender a significação que tais termos recebem em Psicologia.

Voltando, agora, à lista de possíveis expectativas dos que iniciam o estudo da Psicologia: ela mostrou uma diversidade grande de concepções sobre esta disciplina.

Afinal, o que estuda a Psicologia? O que se entende por Psicologia?

Esta questão não é fácil de ser respondida. Acredita-se que uma resposta satisfatória possa ser atingida, depois de ser examinado, ao menos de forma rápida, o histórico da Psicologia e as principais posições psicológicas atuais.

Desenvolvimento histórico da Psicologia

Uma constatação interessante, feita por muitos historiadores, é que as primeiras ciências a se desenvolverem foram justamente as que tratam do que está mais distante do homem, como, por exemplo, a Astronomia. As que se referem ao que lhe está mais próximo, ou as que a ele se referem diretamente, como a Psicologia, são as que tiveram desenvolvimento mais tardio.

Sem buscar as causas de tal fenômeno, verifica-se que, realmente, a Psicologia é uma das ciências mais jovens.

Mas, mesmo antes que existisse uma ciência a respeito, o homem procurou explicar a si mesmo.

As primeiras explicações sobre o ser humano e a sua conduta foram de natureza sobrenatural, tal como as explicações para todos os eventos. Assim como a tempestade era um indício da cólera dos deuses, e a boa colheita, do seu favoritismo, o homem primitivo acreditava que um comportamento estranho e insólito era causado por um "mau espírito" que habitava o corpo da pessoa.

Tales de Mileto, um filósofo grego do século VI a.C., tem sido apontado como quem, primeiro, procurou explicar os eventos naturais em função de outros evento naturais.

Ele explicou a matéria como formada de um único elemento natural: a água. Outros filósofos, depois dele, explicaram a matéria como formada de fogo, de ar, de uma partícula indefinida (átomo).

O importante nestas primeiras tentativas de explicação é a noção em que até hoje se apoia a ciência: os eventos naturais devem receber explicações também naturais.

Sócrates (470-395 a.C.) e Platão (427-347 a.C.), os dois grandes filósofos gregos, com seus ensinamentos, fizeram com que despertasse o interesse pela natureza do homem, o que trouxe ao centro do questionamento filosófico da época inúmeras questões psicológicas.

Não existe aqui, ainda, a intenção de explicação científica, tal como hoje a concebemos, mas, sim, a de uma explicação moralista, ética.

Ambos adotam a abordagem racionalista: Sócrates demonstra isto muito bem com o método do questionamento lógico, e Platão, com a sua explicação racional do mundo, pela existência do "mundo das ideias" que justifica o mundo real.

Aristóteles (384-322 a.C.) é comumente apontado como o filósofo que teria valorizado, pela primeira vez, a observação como forma de se chegar a explicar os eventos naturais, apesar de que seu método de investigação era, também, basicamente racionalista.

A primeira doutrina sistemática dos fenômenos da vida psíquica foi formulada, na Antiga Grécia, por Aristóteles. Nos três livros *De Anima* ele se pronuncia, como introdução, sobre a tarefa da psicologia. Aristóteles acredita que as ideias e, consequentemente, a alma, seriam independentes do tempo, do espaço e da matéria e, portanto, imortais. Circunstâncias especiais fizeram com que os escritos de Aristóteles fossem perdidos nas tormentas produzidas pelas mudanças do mundo ocidental durante mais de mil anos.

Em 1250, com Tomás de Aquino (1224-1275), as obras de Aristóteles alcançaram um notável estado de perfeição. A determinação aristotélica das relações corpo-alma e as questões ligadas a elas sobre as diferentes funções psíquicas tornaram possível a este santo da Igreja medieval uma união quase total da psicologia aristotélica com as doutrinas da Igreja. A força da psicologia tomista reside de uma parte nos fundamentos empíricos da psicologia já introduzidos por Aristóteles e nela conservados e, por outra parte, na simultânea ligação com as crenças religiosas.

Apesar disto, na Idade Média, há pouco interesse pelo estudo dos fenômenos naturais em si mesmos, talvez pelo fato de a grande predominância dos valores religiosos levar à crença que um interesse muito grande nos fenômenos naturais era nocivo para a salvação da alma.

Além disso, o homem é tido como criado à imagem e semelhança de Deus, e seu comportamento sujeito, apenas, à sua própria vontade e à de Deus. Tal concepção não favorece o desenvolvimento de uma ciência do homem, já que ele não podia ser objeto de investigação científica.

Até seu corpo, considerado como uma espécie de "sacrário da alma", era santo, e não se concebia a dissecação de cadáveres para o estudo do organismo.

René Descartes (1596-1650), filósofo francês, além de matemático e fisiólogo, voltou a favorecer a pesquisa sobre o ser humano com a sua teoria do dualismo psicofísico. Para ele o homem seria constituído de duas realidades: uma material, o corpo, comparável a uma máquina e, portanto, cujos movimentos seriam previsíveis a partir do conhecimento de suas "peças" e relações entre elas (pensamento mecanicista); e de uma outra realidade, imaterial, a alma, livre dos determinismos físicos.

Todos os organismos vivos apresentariam certa diversidade de processos fisiológicos como, por exemplo, alimentação, digestão, funcionamento nervoso, crescimento, etc.

A mente, por outro lado, é exclusivamente do homem e tem atividades próprias como conhecer, recordar, querer e raciocinar.

Algumas atividades, como a sensação, a imaginação e o instinto, seriam produtos da interação entre corpo e mente.

Desta concepção sobre o homem decorre que existem duas áreas de estudo: a parte material, o corpo, a quem se deveria dedicar a ciência; e a parte imaterial, a alma ou mente, domínio da filosofia.

Quem estudasse a alma, portanto, não se poderia valer de observação e mensuração, já que ela é entidade sem extensão e nem localização.

Esta concepção favorece a pesquisa, porque, pelo menos, é possível estudar corpos mortos e animais, já que ambos não possuem alma.

O pensamento de Descartes influenciou profundamente a filosofia dos dois séculos seguintes, e foi amplamente aceita a sua teoria do dualismo psicofísico.

Os filósofos dos séculos XVIII e XIX, que tinham a mente e o seu funcionamento como objeto de estudo de grande interesse, dividiram-se em duas escolas de pensamento: o *empirismo inglês* e o *racionalismo alemão*.

Os primeiros valorizavam principalmente os processos de percepção e de aprendizagem no desenvolvimento da mente. Para eles, o conhecimento tem base sensorial: as associações fundamentam a memória e as ideias. É grande a importância do meio ambiente que estimula a percepção, que é, por sua vez, a base do conhecimento. O cérebro desempenha papel primordial, já que é para onde se encaminham os estímulos sensoriais e onde se processa a percepção.

Encontra-se, aqui, a raiz filosófica das investigações biológicas dos fenômenos mentais.

John Locke (1632-1704), inglês, é tido como o fundador do empirismo. Comparou a mente com uma "tabula rasa" onde seriam impressas, pela experiência, todas as ideias e conhecimentos. Nada existiria ali que não tivesse passado pelos sentidos (*Nihil est in intellectu quod prius non fuerit in sensibus*).

A associação de ideias explicaria muito da vida mental, segundo Locke.

Os filósofos racionalistas, pelo contrário, acreditavam que a mente tem capacidade inata para gerar ideias, independentemente dos estímulos do meio. Diminuíam, assim, a importância da percepção sensorial.

Além disso, os racionalistas enfatizaram o papel da pessoa no processo de percepção, afirmando que a percepção é ativamente seletiva e não um processo passivo de registro, como colocavam os empiristas, e, também, afirmando que fazemos interpretações individuais das informações dos órgãos dos sentidos, que poderiam, por isso, ser bastante diferentes entre si.

Preocuparam-se, assim, mais com as atividades da mente como as de perceber, recordar, raciocinar e desejar – e enfatizaram o conceito de "faculdades" mentais, isto é, capacidades especiais da mente para realizar estas atividades.

Um outro ponto em que discordavam empiristas e racionalistas está na possibilidade ou não de análise, ou decomposição, dos fenômenos mentais.

Para os empiristas, a percepção ou uma ideia complexa era composta de partes, ou elementos mais simples. Buscavam identificar tais componentes simples para poder compreender os fenômenos mentais complexos. Para os racionalistas, cada percepção é uma entidade indivisível, global, cuja análise destruiria suas características próprias.

Esta controvérsia é importante porque vai se constituir no ponto-chave do desacordo entre as teorias psicológicas do início do século XX.

Note-se que, até aqui, existem escolas filosóficas e não, ainda, psicológicas, que buscam compreender os processos mentais humanos.

Mas a ciência também vinha se desenvolvendo, e no início do século XIX já era possível o estudo, em laboratórios, dos processos orgânicos da percepção. Investigava-se, por exemplo, o funcionamento dos vários órgãos dos sentidos submetidos aos variados tipos de estimulação.

Utilizavam-se nestes estudos as respostas verbais dos sujeitos sobre o que "sentiam" quando estimulados, e isto favoreceu o surgimento posterior de laboratórios para estudar a "mente", mostrando a possibilidade de a consciência do indivíduo sobre estas estimulações ser um objeto de estudo experimental.

A Fisiologia, que se interessou pela investigação das funções cerebrais, foi nisto influenciada pelo surgimento da Frenologia, teoria que logo desapareceu por falta de maior comprovação. A Frenologia afirmava que o volume relativo do tecido cerebral, em diferentes partes da cabeça, mostrado pelas saliências e reentrâncias do seu contorno, era indicador de capacidades e traços dominantes da personalidade.

A Fisiologia do século XIX investigou e teorizou sobre a natureza da atividade nervosa, a velocidade de condução do impulso nervoso, mecanismos da visão e audição, etc.

Este desenvolvimento da Fisiologia contribuiu grandemente para o surgimento da Psicologia, principalmente pelos novos conhecimentos que proporcionou e pela metodologia de laboratório que empregou.

Um outro campo científico relacionado e cujo desenvolvimento também está diretamente na raiz da Psicologia moderna é a Psicofísica.

A percepção consciente de um estímulo ambiental foi considerada no século XIX um fenômeno mental e, portanto, inacessível à investigação experimental. No entanto, um grupo de pesquisadores procurou mostrar que havia relação entre as características dos estímulos e a percepção dos mesmos.

Gustav Theodor Fechner (1801-1887) é considerado o "fundador da Psicofísica" ou o "pai da Psicologia Experimental". A Psicofísica pode ser descrita como o estudo quantitativo das relações existentes entre a vida mental (como sensações, por exemplo) e os estímulos do mundo físico.

Estão entre os primeiros estudos da Psicofísica, por exemplo, estabelecer a menor estimulação perceptível ou a menor diferença perceptível entre dois estímulos de mesma natureza.

Fechner e outros psicofísicos mostraram que é possível aplicar técnicas experimentais e procedimentos matemáticos ao estudo dos problemas psicológicos, quaisquer que sejam as concepções filosóficas a respeito do problema corpo-mente.

Procurou-se delinear, até aqui, o quadro de antecedentes científicos e filosóficos do surgimento da Psicologia como ciência.

Costuma-se estabelecer como data para o nascimento da Psicologia propriamente dita o ano de 1879, quando Wilhelm Wundt (1832-1920) criou o primeiro laboratório de Psicologia na Universidade de Leipzig, na Alemanha.

Wundt foi bastante influenciado pelo ponto de vista dos filósofos empiristas e pelo desenvolvimento da Fisiologia e Psicofísica experimentais.

Ele escreveu um livro intitulado *Princípios de Psicologia Fisiológica*, investigou principalmente a percepção sensorial que buscava reduzir os elementos mais simples (sensações e imagens) e, também, encontrar os princípios pelos quais estes elementos simples se associavam para produzir as percepções complexas.

Em outras palavras, para Wundt, o objeto da Psicologia era a análise da experiência consciente (ou conteúdo mental) nos seus componentes básicos e a determinação dos princípios pelos quais estes elementos simples se relacionam para formar a experiência complexa.

Wundt fez nascer uma escola psicológica que se denominou *estruturalismo* porque buscava a estrutura da mente, isto é, compreender os fenômenos mentais pela decomposição dos estados de consciência produzidos pela estimulação ambiental.

O método utilizado, a introspecção (olhar para dentro), exigia sujeitos treinados para que pudessem observar e descrever minuciosamente suas sensações em função das características da estimulação a que eram submetidos. O relato deveria excluir o que fosse previamente conhecido e limitar-se ao que realmente foi experienciado sensorialmente.

O estruturalismo foi trazido para a América do Norte por E.B. Titchener (1867-1927), o mais famoso discípulo de Wundt, onde permaneceu na sua intenção original de ciência pura.

Justamente este foi um dos pontos em que o estruturalismo foi mais atacado. O método usado não possibilitava o emprego de crianças, indivíduos psicologicamente anormais e animais como sujeitos, e nem possibilitava, o estruturalismo como um todo, o desenvolvimento da Psicologia Aplicada.

Este e outros problemas fizeram com que o estruturalismo deixasse de existir como escola psicológica, mas sua ênfase nos processos sensoriais se reflete ainda hoje em pesquisas psicológicas.

Como reação ao estruturalismo de Wundt e Titchener, nos Estados Unidos, nasceu o *funcionalismo* que pode ser melhor descrito como um movimento do que, propriamente, como uma escola psicológica.

O que une os funcionalistas é sua oposição ao estruturalismo, a respeito do qual criticavam, principalmente, a artificialidade da introspecção, a decomposição dos fenômenos mentais complexos em elementos simples e a estreiteza do âmbito de investigação.

Entre os mais ilustres psicólogos funcionalistas estão Willian James (1842-1910), John Dewey (1859-1952) e James Cattel (1860-1944), todos americanos.

Denominam-se funcionalistas por se interessarem mais no que a mente faz, nas suas funções, do que no que a mente é, ou em como se estrutura.

Baseados nas concepções de Darwin sobre a evolução orgânica com a finalidade de adaptação ao ambiente, os funcionalistas estabeleceram, como objeto da Psicologia, a interação contínua entre o organismo e o seu ambiente, que permite a adaptação do homem a ele.

As funções mentais, como: perceber, recordar, etc., têm o propósito de ajustar o indivíduo ao meio. É possível promover um ajustamento melhor sucedido e, por acreditar nisto, é que os funcionalistas se interessam pela aplicação dos conhecimentos psicológicos a esta finalidade ampla.

A importância do funcionalismo está justamente na amplitude de interesses que trouxe para a Psicologia.

A partir dele é que se tomam, para estudo, problemas práticos e relevantes como o ensino das crianças, a medida das diferenças individuais, o efeito das condições ambientais na indústria, o comportamento anormal, etc.

Tanto o funcionalismo como o estruturalismo não existem mais hoje, pelo menos com as características com que se apresentaram inicialmente. Ambos foram sendo substituídos por correntes cujas ideias ainda se encontram presentes entre nós.

O quadro abaixo procura situar, no tempo, as escolas que foram tratadas e também as que serão examinadas a seguir.

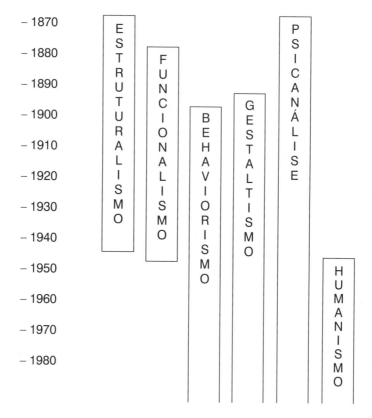

Fig. 1.1 – Escala cronológica aproximada da origem e duração do período de maior influência de importantes escolas em Psicologia

Principais posições atuais em Psicologia

Behaviorismo

O criador do behaviorismo é John B. Watson (1878-1959), americano doutorado pela Universidade de Chicago.

Descontente com a situação em que se encontrava a Psicologia, e inspirado pelo grande desenvolvimento das ciências naturais na época, Watson propôs um novo objeto de estudo para a Psicologia: o comportamento (behavior) estritamente observável. Com isso, descartou dos estudos os fenômenos mentais, sensações, imagens ou ideias, funções mentais e, também, a introspecção como método. Afirmava que a única fonte de dados sobre o homem era o seu comportamento, o que as pessoas faziam, o que diziam.

Argumentava que apenas o comportamento era objetivo, e que apenas ele poderia ser o melhor critério para conclusões realmente científicas.

Esta concepção valorizou os experimentos com animais, cujo comportamento mais simples facilita a investigação e possibilita conclusões transponíveis para os seres humanos.

Sem nenhuma relação com o behaviorismo americano, desenvolvia-se, na Rússia, o trabalho do fisiólogo Ivan P. Pavlov (1849-1936) sobre o reflexo condicionado.

Esta noção foi recebida com entusiasmo pelo behaviorismo, pois possibilitava explicar o comportamento sem referência a processos internos que escapam à observação.

Watson reconheceu no condicionamento uma base para explicar toda a aprendizagem, mesmo a mais complexa, já que esta poderia ser reconhecida como encadeamentos, combinações e generalizações de condicionamentos simples.

Coerente com a ênfase dada à aprendizagem, atribuiu-se papel primordial ao ambiente na formação da personalidade, em contraste com a quase descrença na influência da hereditariedade. A aprendizagem é a responsável principal, inclusive, pelas mudanças observáveis no comportamento com o aumento da idade. A noção de instinto foi abandonada.

A importância atribuída por Watson à influência do meio ambiente pode ser avaliada pelas suas palavras: "Dai-me uma dúzia de crianças sadias, bem formadas, e um mundo de acordo com minhas especificações em que criá-las e garanto que, tomando uma ao acaso, posso treiná-la para que se torne qualquer tipo de especialista que se escolha – médico, advogado, artista, comerciante-chefe e, sim, até mendigo e ladrão – independente de suas inclinações, tendências, talentos, habilidades, vocações e da raça de seus ancestrais" (WATSON, apud KELLER, 1970, p. 71).

As ideias de Watson foram consideradas bastante radicais no início, mas acabaram ganhando aceitação ao mesmo tempo em que foram sendo introduzidos "abrandamentos" na posição original.

Hoje, o "behaviorismo clássico" não existe mais, porém é possível afirmar que grande parte, se não a maior, da Psicologia americana tem orientação behaviorista. O próprio conceito de Psicologia como "ciência do comportamento", amplamente aceito, parece indicar isto.

O behaviorismo propõe uma Psicologia basicamente experimental, e os temas da aprendizagem e da motivação devem a ele o seu grande desenvolvimento.

Gestalt

Movimento de origem alemã, mas que se desenvolveu nos Estados Unidos, nasceu como oposição às outras correntes psicológicas. Afirmava que o estruturalismo e o behaviorismo subestimavam o papel do indivíduo, principalmente nos processos da percepção e aprendizagem, acreditando-o um "registrador" passivo dos estímulos do ambiente. Opunha-se também à decomposição feita pelos estruturalistas dos fenômenos mentais em elementos simples e àquela feita pelos behavioristas, do comportamento complexo em pequenas unidades de reflexos ou respostas. Estas decomposições, afirmavam eles, destituíam de sentido o fenômeno estudado.

A palavra alemã *gestalt* não tem perfeita tradução em português, mas significa, aproximadamente, o todo, a estrutura, a forma, a organização.

O lema da Gestalt veio a ser "o todo é mais do que a soma das partes".

Os gestaltistas ilustram esta afirmação mostrando que uma melodia, por exemplo, não pode ser decomposta em suas notas musicais componentes sem perder a estrutura que a identifica e, inversamente, constituir-se-á na mesma melodia se tocada com outras notas (uma escala acima ou abaixo, por exemplo).

Os tópicos da percepção e da aprendizagem (*insight* e raciocínio) foram por eles bastante investigados através de pesquisas rigorosamente experimentais.

Os principais representantes da Gestalt ou Psicologia da Forma foram Max Wertheimer (1880-1943), Wolfgag Kohler (1887-1964) e Kurt Koffka (1886-1941), além de Kurt Lewin (1890-1947), que foi um dos mais famosos gestaltistas, dedicando-se, entre outras coisas, ao estudo da interação social em situações experimentais controladas.

Psicanálise

Criada por Sigmund Freud (1856-1939), a psicanálise é, provavelmente, o sistema psicológico mais conhecido pelo público em geral, apesar de não ser igualmente bem compreendido.

Este sistema, que influenciou e ainda influencia tão fortemente não só os rumos da Psicologia, mas também das artes, da literatura, enfim, de toda a cultura ocidental, teve um desenvolvimento inicial bastante independente da Psicologia como tal.

Freud desenvolveu a sua teoria numa época em que a Psicologia se preocupava com a experiência consciente, estudada pela introspecção.

Ele era médico neurologista, trabalhava como psiquiatra clínico e, insatisfeito com os procedimentos médicos tradicionais no tratamento das desordens mentais, passou a investigar as origens mentais dos comportamentos.

Divulgou a noção de motivação inconsciente para o comportamento, enfocou a importância da primeira infância na formação da personalidade.

Sua ênfase sobre a sexualidade como um dos motivos básicos do comportamento e como fonte de conflitos foi uma das razões da grande polêmica que se gerou em torno da teoria.

Esta abordagem explicou o comportamento humano de forma radicalmente diversa das demais, e sem levá-las em consideração.

Hoje, a psicanálise é considerada uma das correntes psicológicas, apesar de ter nascido e se desenvolvido de maneira completamente independente.

A posição neopsicanalítica apresenta algumas diferenças em relação à posição freudiana original, mas continua a suscitar controvérsias.

Pela ausência da experimentação, as colocações psicanalíticas costumam ser rejeitadas pelo cientista de laboratório, mas o clínico, particularmente, tende a apoiá-las.

Humanismo

É um movimento mais recente em Psicologia, que enfatiza a necessidade de estudar o homem, e não os animais, e indivíduos normais psicologicamente, ao invés de pessoas perturbadas.

Além disto, critica a utilização excessiva do método experimental, cujo rigor e precisão tem impedindo a pesquisa mais significativa com seres humanos.

O homem tem características próprias, é singular e complexo e, por isso, não pode ser investigado com os mesmos procedimentos aplicados ao estudo de ratos ou outros animais em laboratórios.

Advoga o estudo de processos mentais tipicamente humanos, como: pensar, sentir, etc., apesar de não serem diretamente observáveis.

Além disso, o homem tem a capacidade de avaliar, de decidir, de escolher, não sendo um ser passivo que apenas reage aos estímulos do meio. É alguém que se caracteriza pelas suas potencialidades, pela sua tendência a realizá-las, por estar em contínua modificação.

São representantes do Humanismo: Abraham Maslow, Rollo May e Carl Rogers.

Este conjunto amplo e heterogêneo de posições teóricas encontradas na Psicologia contemporânea não deve ser tomado como indício de caos ou confusão, mas, sim, como um estágio no processo histórico de investigação do homem a respeito de si mesmo. Esta investigação seguiu, naturalmente, diversos caminhos, com objetos de estudos e métodos diferentes, o que resultou em diferentes pontos de vista, que não são sempre, necessariamente, contraditórios, mas podem, apenas, estar se referindo a aspectos diferentes de uma única unidade complexa, o homem.

Talvez se possa esperar chegar, um dia, a um estágio de desenvolvimento tal que exista uma única teoria psicológica que consiga englobar todas as posições e descobertas atuais.

O conceito de Psicologia

De acordo com a origem grega da palavra, Psicologia significa o estudo ou discurso (logos) acerca da alma ou espírito (psique).

Atribui-se o "cunho" da palavra a Philip Melanchthon (1497-1560), colaborador de Martinho Lutero. A generalização do termo, entretanto, só se deu cem anos mais tarde. Christian von Wolf (1679-1754) o popularizou ao estabelecer a diferença entre Psicologia empírica e racional e ao escrever diferentes tratados sobre cada uma delas.

A breve visão histórica da Psicologia mostrou que este significado foi se alterando no decorrer do tempo e que, hoje, é uma tarefa difícil formular um conceito razoavelmente amplo para abranger todas as posições em Psicologia.

Apesar disso, a maioria dos psicólogos concordam em chamar a Psicologia de "ciência do comportamento".

Alguém poderá argumentar que esta é uma definição nitidamente behaviorista e que, portanto, não serve para expressar a variedade de concepções atuais.

Ocorre que hoje se atribui um sentido bem mais amplo do que o sentido behaviorista para o termo *comportamento*.

Como colocam muito bem Telford e Sawrey (1973, p. 22), "o comportamento inclui muito mais do que movimentos flagrantes, como os que fazemos ao andar de um lado para o outro. Inclui atividades muito sutis, como perceber, pensar, conceber e sentir. A Psicologia se ocupa de todas as atividades da pessoa total".

"Comportamento", portanto, é aplicado para designar uma ampla escala de atividades. Para Henneman (1974, p. 38) pode incluir: atividades diretamente observáveis como falar, caminhar, etc.; reações fisiológicas internas como batimentos cardíacos, alterações químicas sanguíneas, etc.; e processos conscientes de sensação, pensamento, sentimento, etc.

Outro autor, Bleger (1979), também sugere uma distinção entre o que chama de áreas da conduta. Um tipo de conduta se daria na área dos fenômenos mentais, tais como raciocinar, planificar, imaginar, etc.; outra área seria a do corpo, onde estariam incluídos os movimentos como caminhar, falar, chorar e também as modificações orgânicas internas; e, finalmente, a área do mundo externo onde estariam as ações do organismo que produzem efeitos sobre o meio social, meio físico ou sobre si mesmo. Seriam exemplos: esbofetear alguém, conduzir automóvel, vestir-se.

Naturalmente sempre há manifestação coexistente das três áreas, isto é, não é possível nenhum fenômeno numa das áreas sem que as demais estejam implicadas.

Bleger (1979) assinala que a Psicologia não é a ciência apenas das manifestações observáveis e nem apenas dos fenômenos mentais, mas abarca o estudo de todas as manifestações do ser humano.

Na verdade, qualquer tentativa de tratamento isolado de fenômenos ativos, sensíveis, intelectuais ou outros não corresponde à realidade, pois em cada ato, em qualquer reação do homem, há inter-relação dos aspectos: o homem é uma unidade indivisível.

Procurando, provavelmente, incluir todas as manifestações do ser humano é que Dorin (1976, p. 17) denomina a Psicologia Humana de "ciência do comportamento e da experiência". Por experiência ele entende o "estado consciente ou fenômeno mental experimentado pela pessoa como parte de sua vida interior (vivência)".

De todas estas concepções a respeito da Psicologia e seu objeto de estudo, o comportamento, surge uma questão importante: estudando fenômenos não observáveis como os sentimentos, pensamentos, vivências e outros, a Psicologia permanecerá sendo uma ciência?

Chega o momento, então, de se discutir a palavra *ciência*.

Entende-se por ciência um conjunto de conhecimentos sistematizados, obtidos por uma atividade humana que segue métodos rigorosos. Dentre as principais características da abordagem científica está a objetividade, isto é, as conclusões deverão ser baseadas em dados passíveis de mensuração, que as tornem independentes de inclinações pessoais ou tendenciosidades por parte de quem investiga.

O cientista deverá, também, descrever minuciosamente os procedimentos utilizados na investigação, de forma a possibilitar a réplica do estudo por qualquer outra pessoa que deseje corroborar os resultados.

A Psicologia, apesar de se propor a estudar, também, fenômenos não diretamente observáveis, atende a todos estes critérios da ciência.

A chave da questão está em distinguir fatos de inferências.

Apenas o que alguém faz, isto é, o seu comportamento, pode ser medido objetivamente, mas isto não significa que sentimentos, pensamentos e outros fenômenos deixem de existir ou de ser estudados por não serem observáveis. Eles são inferidos através do comportamento.

A partir da conduta das pessoas é que se inferem motivos como a fome, a necessidade de prestígio; estados emocionais como o medo, a frustração; atribui-se-lhe certas capacidades como níveis de inteligência e certas características como a introversão.

A Psicologia estuda tudo isso e muito mais, mas, como pretende ser uma ciência, baseia suas conclusões em dados objetivos, e estes só podem vir do comportamento.

Assim, como toda a ciência, a Psicologia usa métodos científicos rigorosos e também, como qualquer outra ciência, procura entender, predizer e controlar os fenômenos que estuda, neste caso, os comportamentos.

Apesar de ser o comportamento humano o seu principal interesse, a Psicologia também estuda o comportamento animal, com o objetivo de, através dele, melhor compreender o comportamento humano ou porque o estudo do comportamento animal se justifica por si mesmo.

Dentre os seres vivos, é sem dúvida o homem que apresenta o comportamento mais variado e complexo. Por isso, e também porque é mais difícil estudar um objeto que somos nós mesmos, o objetivo de compreender o comportamento, não é nada fácil de ser alcançado. Os psicólogos admitem que ainda não conhecem todas as respostas dos problemas relacionados ao comportamento humano. Apesar disto, não desejam apenas compreender, mas também predizer os fenômenos. Se já estiverem estabelecidas as condições sob as quais um determinado evento ocorre, é possível antecipar que ele ocorrerá se tais condições estiverem presentes.

Quando uma ciência atinge este ponto de desenvolvimento em relação a um tópico qualquer, então também pode se tornar possível o controle do fenômeno. Controlar pode significar eliminar as condições produtoras do fenômeno, se ele é indesejável; pode significar, pelo contrário, a sua cuidadosa produção; também pode incluir a sua utilização para fins práticos; enfim, de uma maneira geral, controlar significa utilizar a compreensão e a capacidade de predição obtidas para fazer algo a respeito do evento.

Em algumas ciências altamente desenvolvidas, como a física, por exemplo, estas três etapas do trabalho científico estão plenamente atingidas, pelo menos em relação a alguns tópicos.

Na Psicologia, entretanto, uma ciência jovem, os cientistas estão ainda, na maioria dos temas, procurando obter a compreensão dos eventos comportamentais e a última etapa, o controle do comportamento, apesar de já ter sido centro de calorosas controvérsias, está, na prática, longe de ser atingida.

Apesar de todas as dificuldades, muitas compreensões foram sendo obtidas pelos estudos científicos que, muitas vezes, são chamados de ciência "pura", e o desejo de utilizar as descobertas nas situações da vida cotidiana deu origem à psicologia "aplicada".

Amplitude e aplicação da Psicologia

A distinção que se costuma fazer entre ciência "pura" e "aplicada" é dizer que a primeira busca o conhecimento desinteressado, sem vistas à sua aplicação, e que a segunda investiga os temas com o objetivo antecipado de usá-lo em alguma área de atividade humana.

Tal distinção é, na verdade, apenas acadêmica, estabelecida para fins didáticos, já que ambas estão intimamente relacionadas.

Muitos cientistas que se dizem "aplicados" fizeram grandes contribuições para o conhecimento básico e, inversamente, outros, aparentemente "puros", descobriram fatos e teorias que foram quase imediatamente aplicados a problemas práticos.

Para fins apenas didáticos, portanto, listam-se os principais subcampos da Psicologia comumente descritos como dedicados à investigação científica básica:

– a *Psicologia geral*, que busca determinar o objeto, os métodos, os princípios gerais e as ramificações da ciência;

– a *Psicologia fisiológica*, que procura investigar o papel que eventos e estruturas fisiológicas desempenham no comportamento;

– a *Psicologia do desenvolvimento*, que estuda o desenvolvimento ontogenético, isto é, as mudanças que ocorrem no ciclo vital de um indivíduo (os períodos mais estudados deste ciclo vital têm sido a infância e a adolescência);

– a *Psicologia animal ou comparada*, que tenta estudar o comportamento animal com o objetivo de, comparando-o ao do homem, melhor compreendê-lo e, também, por buscar a compreensão do comportamento animal em si;

– a *Psicologia social*, que investiga todas as situações, e suas variáveis, em que a conduta humana é influenciada a de outras pessoas e grupos;

– a *Psicologia diferencial*, que busca estabelecer as diferenças entre os indivíduos em termos de idade, classe social, raças, capacidades, sexo, etc., suas causas e efeitos sobre o comportamento, além de procurar criar e aperfeiçoar técnicas de mensuração das variáveis consideradas;

– a *Psicopatologia*, que é o ramo da Psicologia interessado no comportamento anormal, como as neuroses e psicoses;

– a *Psicologia da personalidade*, que é a denominação da área que busca a integração ampla e compreensiva dos dados obtidos por todos os setores da investigação psicológica.

Alguns dos principais ramos da Psicologia aplicada serão descritos brevemente, a seguir, para que o estudante tenha uma visão inicial da amplitude e utilidade desta ciência.

A *Psicologia educacional* lida com aplicações de técnicas e princípios da psicologia, quando o professor procura dirigir o crescimento do educando para objetivos valiosos.

Os tópicos mais importantes nesta tarefa são os das diferenças individuais, aprendizagem e memória, crescimento e desenvolvimento da criança, motivação, comportamento grupal e outros.

Psicologia aplicada ao trabalho é o nome genérico que se dá a um conjunto de subcampos, onde, através da aplicação de dados da psicologia, os instrumentos de trabalho que o homem utiliza podem ser melhor planejados, o trabalhador pode ser mais apropriadamente selecionado e o ambiente de trabalho adequado às características do ser humano. Com isto se objetiva um melhor atendimento às necessidades do homem e um maior rendimento do seu trabalho.

Além disso, os conhecimentos psicológicos sobre relações humanas na empresa, no comércio, as descobertas sobre a psicologia do consumidor, sobre liderança e dinâmica de grupo e outros têm também contribuído grandemente para estas finalidades.

A *Psicologia aplicada à medicina* pode auxiliar o médico em suas tarefas de diagnóstico, tratamento e prevenção de doenças.

Hoje, em pesquisa da psicologia aplicada à medicina, são temas preferidos: efeito de drogas sobre o comportamento humano e animal; efeitos de privação sensorial prolongada sobre sentimentos e respostas de um indivíduo (ex.: vítimas de poliomielite que permanecem longos períodos em balões de oxigênio, voos espaciais longos); produção de distúrbios psicossomáticos em animais; efeitos do *stress* sobre as funções fisiológicas humanas, enfim, as perturbações psicossomáticas.

A *Psicologia jurídica* envolve a aplicação dos conhecimentos da Psicologia no campo do Direito. Servem de exemplos as contribuições sobre a confiabilidade do depoimento feito por testemunhas, as condições adversas da segregação racial, classes sociais desfavorecidas, efeitos da excitação emocional sobre o desempenho de delinquentes e criminosos, etc.

Assim, em cada setor em que os conhecimentos e técnicas da Psicologia são aplicadas, ela recebe uma denominação que indica qual o ramo da atividade humana no qual são utilizados seus conhecimentos.

Há muitos outros setores em que isto também ocorre como a propaganda, a arte, a religião, etc.

Pode-se concluir afirmando que a Psicologia é uma ciência de um campo de aplicação muito amplo, o que justifica plenamente sua importância e a denominação que tem recebido de "a ciência do nosso século".

Profissionais em Psicologia

Assim como existem muitos e variados campos de aplicação da Psicologia, assim também existem muitos profissionais que trabalham basicamente com a Psicologia.

Sem dúvida, o principal deles é o psicólogo, que pode atuar em áreas diversas, como sugere a lista de subcampos e aplicações da Psicologia.

Mas muitas pessoas confundem psicólogos com psiquiatras. O psicólogo é o profissional que faz o curso de graduação em Psicologia e pode se especializar em qualquer das variadas áreas da Psicologia.

Já o psiquiatra é o método que se especializa em doenças ou distúrbios mentais. O psicólogo clínico também trata destes problemas, trabalha em clínicas e hospitais, mas tratamentos que envolvem a prescrição de drogas, terapias de eletrochoques e outras são prerrogativas dos psiquiatras.

Psicanalista é o termo que designa o profissional que em cursos especializados se torna habilitado a usar a psicanálise.

Outros profissionais, ainda, têm na Psicologia um instrumento importante de trabalho. Entre eles estão o orientador educacional, o assistente social, o pedagogo, o enfermeiro e muitos outros.

Relação da Psicologia com outras ciências

Costuma-se denominar a psicologia de ciência "biossocial" porque ela se relaciona principalmente com a Biologia e com as Ciências Sociais.

Para ilustrar estas relações basta lembrar as inúmeras pesquisas psicológicas orientadas para os aspectos biológicos do homem e do animal, como as realizadas pela Psicologia Fisiológica, Animal e Comparada; e, também, aquelas que investigam as atividades sociais dos indivíduos como as da Psicologia Social, Educacional, do Trabalho.

Mas as relações da Psicologia com outras ciências não se limitam à Biologia e às Ciências Sociais.

A Psicologia conota-se hoje pela sua natureza interdisciplinar. Assim como a maior parte dos outros campos de estudo, a Psicologia não se preocupa com a extensão em que uma investigação permanece dentro dos limites formalmente definidos da disciplina. "Quase todos os campos da Psicologia se sobrepõem a outros campos de estudo, servem-se deles e, por seu turno, contribuem para eles" (TELFORD & SAWREY, 1973, p. 25).

Pode-se ilustrar estas afirmativas mostrando que a Psicologia Fisiológica contribui para o desenvolvimento da fisiologia, bioquímica, biofísica, da biologia geral, etc., mas também se serve das mesmas para seu desenvolvimento.

A Psicologia Social, em suas regiões limítrofes, se confunde com a sociologia, a antropologia, a ciência política e a economia.

As pesquisas de opiniões e atitudes, as previsões de comportamento e a dinâmica de grupo exigem recursos ou conhecimentos de Psicologia, assim como de outras ciências sociais.

Novas áreas de interesse mútuo para diversas disciplinas surgem constantemente. Um desses campos, de grande interesse atual, é a psicolinguística que estuda as relações acaso existentes entre a estruturação linguística e a atividade cognitiva e que consegue congregar psicólogos, linguistas, sociólogos, antropólogos, filósofos num trabalho conjunto para o desenvolvimento da mesma.

Das ligações da neurologia com a psicologia apareceu um novo ramo da Psicologia que se apresenta como uma nova interciência: a neuropsicologia, que é o estudo sobre as relações do comportamento com os dados da fisiologia nervosa e da neuropatologia.

Muitos outros exemplos poderiam ser dados, mas o que importa é ressaltar que não há, hoje, a preocupação de manter as ciências dentro de um âmbito de investigação restrito pela definição de seu objeto de estudo.

Para concluir este capítulo, que procurou mostrar em linhas gerais o que é a Psicologia contemporânea, repete-se, com Marx e Hillix (1974, p. 70), que "a Psicologia de hoje nega-se a ser limitada a um estreito objeto de estudo por definições formais ou prescrições sistemáticas".

Questões
1. Esquematize o desenvolvimento histórico da Psicologia.
2. Caracterize brevemente as principais posições teóricas atuais em Psicologia.
3. Explique o significado atribuído hoje ao "comportamento" como objeto de estudo da Psicologia.
4. Por que é possível denominar a Psicologia de "ciência"?
5. Liste os principais subcampos de pesquisa básica em Psicologia e explique brevemente o que cada um deles investiga.
6. Aponte os mais importantes ramos da Psicologia aplicada, descrevendo-os brevemente.
7. Por que a Psicologia é, muitas vezes, denominada de ciência "biossocial"?
8. Como se distingue o psicólogo do psiquiatra e do psicanalista?
9. Aponte alguns exemplos de assuntos cujo estudo implica a relação da Psicologia com outras ciências.

CAPÍTULO 2
Métodos de pesquisa em Psicologia

OBJETIVOS DE APRENDIZAGEM

Depois de estudar este capítulo, você deverá ser capaz de:
- descrever a sequência típica de etapas da pesquisa em Psicologia;
- conceituar variável independente, dependente e de controle;
- caracterizar cada um dos métodos básicos de pesquisa em Psicologia: experimentação, observação, teste, levantamento e estudo de caso, incluindo suas principais vantagens e limitações;
- apontar os principais empregos da estatística em Psicologia;
- indicar a posição geral da Psicologia quanto à questão ética da investigação psicológica.

Métodos da Psicologia

Conceituou-se Psicologia, no capítulo anterior, como "ciência do comportamento". À primeira vista, este conceito parece excluir do âmbito de estudo da Psicologia os processos internos como sentimentos, pensamentos e outros. Para se evitar esta interpretação, enfatizou-se que "comportamento" é entendido como toda e qualquer atividade do organismo, observável ou não.

A Psicologia se interessa por todos os tipos de comportamento, mas pretende estudá-los na medida em que são descritíveis, isto é, alguns serão estudados diretamente e outros de um modo indireto, tal como se manifestam através do comportamento *observável*.

Tal procedimento se justifica pela necessidade de se atender ao critério científico da objetividade. Para isso, além de serem observáveis, os comportamentos devem ser, preferencialmente, passíveis de observação *pública*, isto é, observáveis por mais de uma pessoa.

Os dados obtidos apenas pelos depoimentos introspectivos são bastante questionáveis. As pessoas, quando relatam suas experiências internas, podem, deliberadamente ou não, ocultar alguns dados ou, então, não serem capazes de relatar adequadamente os acontecimentos.

A Psicologia, consciente de todas estas dificuldades, busca, na medida do possível, usar procedimentos objetivos na coleta de dados, o que permitirá conclusões válidas sobre o comportamento. No entanto, nem sempre isto será possível e, às vezes, será necessário combinar a descrição subjetiva da experiência com a observação direta da conduta.

Etapas e variáveis da pesquisa

As pesquisas em Psicologia seguem, de maneira geral, uma sequência típica de etapas. Em primeiro lugar, o investigador escolhe o tema da investigação. Logo após, delimita o problema que quer investigar.

Este problema envolve duas ou mais variáveis e é a respeito das relações entre elas que o estudioso está interessado.

Um exemplo de problema poderia ser: "na escola, o trabalho de grupo promove uma aprendizagem mais rápida do que o trabalho individual?" ou então, "a vitamina X aumenta a inteligência das crianças?"

A seguir, é formulada uma hipótese a respeito do problema.

A hipótese pode ser entendida como uma explicação sugerida para o problema levantado e que será, então, corroborada ou refutada pela pesquisa.

Nos exemplos dados, as hipóteses poderiam ser formuladas assim: "Na escola, o trabalho de grupo resulta numa aprendizagem mais rápida do que o trabalho individual", e, "A vitamina X aumenta a inteligência das crianças".

O investigador da Psicologia está sempre interessado num tipo ou aspecto do comportamento e as hipóteses que formula procuram estabelecer as condições antecedentes deste comportamento.

No caso do comportamento humano ou animal, as condições antecedentes são muitas, complexas e frequentemente inter-relacionadas.

Nessas condições se incluem as variáveis ambientais, como luz, som, temperatura, presença de outras pessoas, etc. e as variáveis da pessoa, como idade, sexo, inteligência, motivação, fadiga, experiências anteriores, etc.

É possível perceber a dificuldade e enormidade da tarefa do psicólogo investigador em estabelecer as condições responsáveis pelo comportamento.

Em geral, a condição que se supõe seja a causadora ou influenciadora do comportamento é chamada de variável *independente*.

O comportamento que está sendo estudado e que, se supõe, seja afetado pelas variações da variável independente, é denominado variável *dependente*.

Assim, nos estudos em Psicologia, quase sempre a variável dependente é um tipo particular de comportamento (resposta) e a independente é uma variável do ambiente ou do sujeito.

Nos exemplos acima, o tipo de trabalho desenvolvido na escola (em grupos ou individual) e o medicamento X são as variáveis independentes das respectivas hipóteses, enquanto que a rapidez na aprendizagem e a inteligência das crianças são as variáveis dependentes.

São numerosos os procedimentos empregados pela psicologia científica para testar as hipóteses, isto é, para obter informações sobre o comportamento.

Parece ser possível descrevê-los como combinações ou variações de cinco métodos básicos: a experimentação, a observação, os testes, os levantamentos e os estudos de caso.

Experimentação

O objetivo básico da abordagem experimental em qualquer ciência é descobrir as condições antecedentes necessárias para que um evento possa ocorrer, ou seja, compreender as relações causais envolvidas nos fenômenos sob investigação.

Apesar de ser possível fazer isto com outros métodos que não o experimental, este é o mais indicado para a investigação causal.

Um meteorologista, por exemplo, pode listar as condições de temperatura, umidade do ar e outras que julga determinarem a ocorrência de chuvas e, a partir da observação e registro dos fenômenos meteorológicos, estabelecer a influência de cada condição na ocorrência ou não de chuvas. Esse é o único método a sua disposição e seguirá sendo usado, apesar de demorado e de não oferecer, inicialmente, muita certeza nas conclusões.

Da mesma maneira, o psicólogo que utiliza o método da observação poderá vir a estabelecer relações causais, apesar de não ser este o principal objetivo dos procedimentos de observação.

O químico, por outro lado, já tem condições de concluir muito mais rapidamente e com elevado grau de certeza, a respeito das reações que determinada substância promove sobre outra. Este pesquisador pode experimentar para saber a resposta, isto é, pode testar várias combinações de substâncias, sob muitos graus de temperatura, etc.

Experimentar é provocar o fenômeno que se quer estudar, sob condições controladas, isto é, manter sob controle todas as condições relevantes que possivelmente estejam relacionadas ao evento.

Controlar significa tanto eliminar a possibilidade de uma condição, influenciar o evento, quanto manter esta influência constante ou, ainda, promover uma variação sistemática da condição.

O método experimental se caracteriza pelo controle de variáveis. Busca determinar o efeito de uma condição particular (variável independente) sobre um determinado evento (variável dependente) limitando ou eliminando os efeitos de outras condições relevantes (variáveis de controle).

Assim, sob um controle bem feito, uma alteração na variável dependente pode ser atribuída a uma mudança na variável independente, já que os efeitos de outras variáveis importantes foram mantidos constantes ou nulos.

Suponhamos que um pesquisador utilize a experimentação para testar a hipótese que "o medicamento X aumenta a inteligência das crianças".

Ele poderia administrar a droga a um grupo de crianças durante um determinado período e testar sua inteligência depois disto. Os resultados poderiam ser comparados com os anteriormente obtidos e um eventual aumento nos escores poderia ser detectado.

No entanto, como poderia ter ele a certeza de que este efeito é devido à droga? Outros fatores poderiam ter atuado, como a alimentação, as experiências escolares e outros.

Para testar o efeito da droga, ele deverá manter constantes todos os outros fatores, para que eles não venham a interferir na eventual diferença observada.

Assim, poderá formar três grupos de crianças, equiparados quanto ao número de sujeitos, idade, sexo, classe social, etc., e procurar proporcionar a todos eles a mesma alimentação, experiências escolares, etc.

A um dos grupos seria administrado regularmente o medicamento X, ao outro poderia ser administrado um placebo, isto é, no caso, um medicamento de aparência idêntica ao medicamento X mas sem efeito algum, do tipo "pílula de açúcar" e, finalmente, ao terceiro não seria administrado medicamento algum.

A existência do segundo grupo é necessária já que uma eventual diferença nos escores do teste poderia ser devida a um efeito psicológico (motivação, autoconfiança, etc.) por se estar ingerindo uma droga que se acredita eficaz.

Neste exemplo, o controle de variáveis como sexo, idade, classe social, etc., foi feito por equiparação dos sujeitos nos diferentes grupos. As varáveis, como: alimentação, experiências escolares, etc., foram mantidas constantes, proporcionando-as igualmente aos três grupos. Os efeitos de variáveis como motivação e autoconfiança serão controlados através do procedimento adotado com o segundo plano, onde estas variáveis são introduzidas também como independentes.

Estas são as maneiras mais frequentemente utilizadas pelos psicólogos, para fazer controle de variáveis.

Chama-se grupo experimental àquele grupo onde se introduz o procedimento experimental, isto é, aquele que sofrerá os efeitos da variável independente. Grupo de controle é aquele que só difere do experimental pela ausência desta variável.

No estudo imaginário que serviu de exemplo, os grupos 1 e 2 seriam os experimentais e o 3, o grupo de controle.

Os experimentos realmente levados a efeito pelos psicólogos costumam ser mais complicados do que este.

Um experimento dos mais simples, realizado por N.E. Miller, da Universidade de Yale, é resumidamente relatado abaixo (extraído de HENNEMAN, 1974, p. 58).

Este pesquisador procurou responder à questão de se a resistência à tensão poderia ser aprendida, e o fez utilizando o método experimental com sujeitos animais, no caso, ratos.

Depois de treinar um grupo de ratos albinos a percorrer um labirinto para obter alimento, dividiu-os em dois grupos emparelhados quanto à velocidade de corrida (uma variável de controle).

Aos ratos de um dos grupos passou a aplicar choques elétricos de intensidade gradualmente aumentada quando atingiam a parte final do trajeto, ao mesmo tempo em que os recompensava com o alimento.

Este procedimento, de punir com choques e recompensar com alimento ao mesmo tempo, produz nos animais tendências simultâneas de aproximação e esquiva no final do trajeto.

Apesar de diminuir um pouco a velocidade da corrida ao chegar nesta etapa e de mostrar sinais de perturbação no comportamento, eles continuavam com velocidade mais ou menos estável a percorrer o trajeto até o alimento, suportando, para isso, o choque.

Este grupo foi chamado de "gradual", porque a intensidade do choque foi sendo aumentada gradualmente.

Os animais do outro grupo percorriam o labirinto tantas vezes quanto os do primeiro grupo, mas nunca receberam um choque. A denominação deste grupo foi "repentino" porque passaram a receber de forma súbita o choque intenso a que os ratos do primeiro grupo haviam sido gradualmente habituados.

A velocidade de corrida destes animais foi drasticamente modificada neste grupo.

O pesquisador concluiu que estes animais se mostraram menos capazes de "resistir" do que os do outro grupo.

A variável independente neste estudo, isto é, a condição manipulada pelo experimentador, e que se constituiu na única diferença entre os dois grupos experimentais, foi o sistema de aplicação de choques elétricos: gradual ou repentino, e o que se mediu foi a velocidade do comportamento de aproximação do alimento (a variável dependente que também foi medida no início do experimento).

Este exemplo também ilustra o estudo de estados internos, no caso, a tensão experimentada pelos ratos, através de um aspecto do comportamento observável: a velocidade da corrida. Note-se que o pesquisador infere a existência desta "tensão", um estado que não pode ser medido diretamente.

A transferência deste seu resultado para os seres humanos, isto é, de que a resistência à tensão pode ser aumentada por treinamento, não pode ser feita sem maiores estudos, mas a observação informal de pessoas que na infância e adolescência pouca ou nenhuma contrariedade tiveram que suportar para alcançar seus objetivos, parece dar apoio à conclusão.

O método experimental é, dentre os métodos de pesquisa, o que oferece o mais alto grau de certeza na conclusão, dadas as condições de controle.

A possibilidade de repetição do estudo é, também, uma importante vantagem da experimentação.

No entanto, estas vantagens são acompanhadas de uma limitação importante: a dificuldade em generalizar a conclusão, já que o comportamento em estudo dificilmente será natural numa situação controlada e artificial. A generalização talvez venha a ser obtida com muitas réplicas do estudo, feitas pelo mesmo pesquisador ou por outros.

Deve-se levar em consideração, além disso, que, apesar do grande valor da experimentação em Psicologia, muitos comportamentos humanos, talvez os mais significativos, não são suscetíveis de investigação experimental. Isto acontece porque, simplesmente, é possível reproduzir, sob condições controladas, todo o conjunto de influências que operam numa situação real.

Observação

Os métodos de observação podem ser subdivididos em dois tipos: os de observação naturalista e os de observação controlada.

O investigador que utiliza a *observação naturalista* deve unicamente observar, sem interferir no comportamento que está observando. Esta observação envolve, portanto, o estudo do comportamento natural, espontâneo, ocorrendo no ambiente real da vida cotidiana.

Este método mostra-se especialmente indicado para o estudo de certos tipos de conduta, como a infantil, a social, os costumes de pessoas de culturas diferentes, enfim, todos os comportamentos que, numa situação diferente da cotidiana, ou não ocorreriam ou seriam tão artificiais que nenhuma conclusão válida poderia ser obtida da sua observação.

A observação naturalista é o método básico de praticamente todas as ciências, em seus primeiros estágios de desenvolvimento, e permite estabelecer a incidência relativa de vários tipos de comportamento. No caso de um mesmo comportamento ser comparado ao de diversas amostras de características diferentes, poderão vir a ser estabelecidas relações gerais.

Um exemplo de estudo que empregou o método da observação naturalista é o de Bell e Ainsworth (1972, descrito por McGURK, 1976).

Este estudo investigou o choro e outras formas de comunicação infantil durante o primeiro ano de vida.

Compreendeu uma amostra de vinte e seis pares mãe-filho, cujas casas foram visitadas uma vez a cada três semanas durante o primeiro ano de vida do bebê. Cada visita durava quatro horas e, neste período, um observador anotava quantas vezes o bebê chorou, quanto tempo durou o choro e de que modo se comportou a mãe em cada vez que o bebê chorou.

Deve-se considerar que, apesar de ter previamente consentido com as visitas do observador, as mães poderiam se sentir constrangidas com sua presença e reagir de maneira não habitual ao choro do bebê. Se isto acontecesse, o estudo deixaria de obter conclusões válidas.

Para evitar esta dificuldade, as mães não foram informadas do verdadeiro objetivo do estudo e, também, é de se supor que elas se acostumaram com a presença do observador, dado o número relativamente grande de observações.

A partir dos dados coletados por este estudo, Bell e Ainsworth descobriram que os bebês que receberam imediata atenção de suas mães sempre que choraram nos primeiros meses de vida, choravam menos ao atingir um ano de idade do que os bebês cujas mães demoraram para atendê-los (o que contraria a suposição de que os bebês prontamente atendidos aprenderiam a chorar mais para obter a atenção de suas mães).

O principal atrativo do método da observação naturalista consiste no fato de possibilitar conclusões com um elevado grau de generalização, já que estuda comportamentos espontâneos em situações reais.

Contudo, esta mesma característica introduz no método sua principal deficiência, visto que o observador não possui controle algum sobre as inúmeras variáveis que influenciam o comportamento dos sujeitos em qualquer etapa da observação.

Assim, o estudioso muitas vezes nada pode concluir a respeito da variável ou variáveis que exerceram uma influência causal sobre o comportamento observado.

Além disso, o método costuma requerer muito tempo. Frequentemente são necessárias horas de observação para que se possa perceber fragmentos de comportamento, como, por exemplo, agressão numa criança em uma determinada situação. Há que se aguardar, às vezes, muito tempo para que o mesmo comportamento se repita, em condições semelhantes. Aceita-se, igualmente, o risco de que o comportamento desejado nunca ocorra no indivíduo ou indivíduos observados.

Uma outra dificuldade é o risco de subjetividade, isto é, a tendência humana universal de perceber o que se quer perceber e não o que realmente acontece.

Para minimizar este risco e outros problemas, os pesquisadores costumam colocar em prática alguns procedimentos que aumentam a precisão do método, como: – treinamento prévio dos observadores (pessoas treinadas têm mais chance de perceber os fatos quando eles se dão); – atuação simultânea de vários observadores (o que permite averiguar a concordância ou discordância das observações); – observação de um único tipo de comportamento por vez (a observação de todos os tipos de comportamento não será tão precisa); – definição detalhada e objetiva do comportamento a ser observado (o que pode evitar muita discordância entre observadores); – amostragem de tempo (isto é, determinar períodos, em geral curtos e variados, em que deve ser efetuada a observação); – registro, o mais complexo possível, e análise dos dados quantitativos (o que confere maior objetividade) e, finalmente, a utilização de aparelhagem auxiliar para a observação (como gravadores e filmadoras, que podem registrar os dados de maneira mais completa e objetiva que o ser humano).

A observação também pode ser feita mantendo-se um certo grau de controle sobre o meio em que o comportamento ocorre. Neste caso, denomina-se o método de *observação controlada*.

A principal vantagem da observação controlada é a possibilidade de limitar a influência das variáveis extrínsecas sobre o comportamento ou de introduzir deliberadamente uma variação no meio para avaliar o seu efeito sobre o comportamento em estudo.

Num estudo de observação controlada, o pesquisador pode, por exemplo, esconder-se atrás de um espelho unidirecional e minimizar as possíveis influências de sua presença sobre o comportamento do observado.

É o que costumam fazer os pesquisadores que estudam a reação infantil a situações estranhas e pessoas desconhecidas. Em geral, a mãe e o bebê são introduzidos numa sala equipada com dispositivos de visão unilateral. O bebê é colocado no chão onde são espalhados previamente muitos brinquedos e a mãe permanece sentada numa cadeira, na mesma sala. O comportamento exploratório do bebê é observado e registrado através do vidro unidirecional e, a um sinal do investigador, a mãe sai da sala, deixando a criança sozinha no ambiente estranho. Também é possível fazer com que um estranho entre na sala, com a mãe presente ou ausente.

Estudos que empregaram estes procedimentos concluem que a presença da mãe tem um efeito facilitador sobre o comportamento exploratório do bebê, enquanto que a presença de uma pessoa estranha tem um efeito inibidor (McGURK, 1976, p. 95-96).

O método da observação controlada tem muito em comum com o da observação naturalista, sendo também sua principal vantagem o comportamento espontâneo. Além disto, ao possibilitar algum controle sobre as variáveis ambientais, permite conclusões mais fidedignas a respeito da influência de certos fatores sobre o comportamento observado.

Ao mesmo tempo, porém, o fato do ambiente ser quase sempre estranho ao sujeito pode promover comportamentos atípicos (apesar de espontâneos), o que limitaria o grau de generalização das conclusões.

Levantamento

Método também denominado de "estudo exploratório".

Os psicólogos interessados em estudar os costumes sociais, as variações nos costumes de uma cultura para outra, preferências de um público consumidor, determinadas atitudes de uma população, e outras questões, adotam um método parecido com os usados por sociólogos, antropólogos culturais e economistas. Fazem entrevistas ou aplicam questionários e, assim, são capazes de obter informações muito significativas sobre uma determinada população e, mesmo, de demonstrar relações existentes entre o comportamento caracterizado e outros fatores ou comportamentos.

O pesquisador decide, antecipadamente, a respeito do comportamento que quer investigar e simplesmente pergunta às pessoas como elas se comportam, como se sentem, do que gostam, etc.

As questões do instrumento utilizado (roteiro de entrevista, questionário ou escala de atitudes) deverão ser muito bem elaboradas, para não ter sentido ambíguo e nem induzir as respostas.

Outro cuidado especial deve ser tomado quanto à escolha das pessoas que serão incluídas no levantamento, pois elas precisam ser uma amostra realmente representativa da população inteira.

As pesquisas sobre atitudes sociais fornecem bons exemplos de levantamento ou estudo exploratório.

O estudo de Hyman e Sheatsley (1954, descrito por HENNEMAN, 1974, p. 69-70) utilizou uma escala que media autoritarismo para mostrar a relação entre esta característica e o nível educacional. O estudo concluiu que indivíduos com curso universitário são, em geral, mais liberais em seus pontos de vista do que as pessoas que têm apenas educação elementar. Estas revelam maior tendência para o autoritarismo.

É preciso não se deixar levar pela aparente conclusão que o nível educacional determina o autoritarismo. As duas variáveis estão apenas relacionadas; muitos outros fatores, como nível socioeconômico, educação familiar, etc., contribuem para a formação do autoritarismo.

Em outras palavras, os levantamentos podem oferecer correlações, isto é, podem mostrar que duas variáveis estão relacionadas, mas não estabelecem qual delas é a causa e qual é o efeito.

Pelo método de levantamento, por exemplo, demonstrou-se existir uma relação positiva entre saúde mental e casamento, mas isto não nos diz se a saúde mental determina ou é determinada pelo casamento.

Esta ausência de relação causal é uma das principais limitações do método, mas outras poderiam ser apontadas, como, por exemplo, o risco que sempre se corre das pessoas selecionadas para compor a amostra se recusarem a oferecer informações ou de distorcerem-nas.

Não se deve desprezar, também, a possibilidade da distorção ocorrer por efeito do comportamento do próprio pesquisador.

A par destes problemas, o levantamento, quando combina entrevista e questionário, pode ser mais objetivo, útil para se extrair conclusões sobre um grande número de pessoas, além de ser um método relativamente rápido e barato.

Teste

Costuma-se classificar os testes psicológicos em dois grandes tipos: os que exigem da pessoa o seu desempenho máximo, chamados de testes de capacidade ou de realização, e os que solicitam respostas em termos de comportamento costumeiro, denominados testes de personalidade.

Entre os primeiros estão os testes de inteligência e aptidões específicas como, por exemplo, raciocínio espacial, mecânico, habilidade numérica, rapidez, atenção e outros.

São avaliadas pelos testes de personalidade características como atitudes, interesses e traços de personalidade em geral.

Os testes de capacidade são considerados mais objetivos que os de personalidade, já que não dependem do que o indivíduo está disposto a relatar sobre si mesmo. Indicam o que o indivíduo pode fazer (e não o que ele afirma que pode realizar) e como são tarefas padronizadas, sempre contém instruções para sua aplicação e interpretação.

Sob condições controladas, apresenta-se a cada sujeito uma série idêntica e de estímulos, que são os itens do teste. As respostas são avaliadas objetivamente já que existem critérios pré-determinados para isso.

Como também se costuma chamar de testes aos questionários e escalas, usados no método do levantamento, alguns autores consideram o levantamento como uma modalidade do método de testes (ver, por exemplo, EDWARDS, 1973, p. 19-20).

Um bom teste é o que possui um alto grau de fidedignidade ou precisão, isto é, é aquele que permite encontrar o mesmo resultado em aplicações diferentes, para um mesmo indivíduo e, além disto, é o que possui, também, um alto grau de validade, ou seja, é um instrumento que realmente mede o que diz medir.

Não se deve pensar que só existam testes de lápis-e-papel. Muitos são os testes que empregam outros materiais ou que exigem do sujeito respostas orais ou outras reações que não se escrevem.

Os testes têm muitos empregos, mas os principais são: predizer o êxito futuro em uma atividade (como escola ou trabalho), ajuizar sobre a presença atual de determinadas proficiências e diagnosticar desajustes comportamentais.

Qualquer destes objetivos pode estar presente quando se utiliza o teste em uma pesquisa científica. Note-se, no entanto, que a aplicação do teste e a coleta dos dados que ele proporciona não necessariamente é o objetivo básico da pesquisa.

Algumas vezes o teste é administrado antes de um experimento para se equiparar os sujeitos segundo determinada característica e, outras vezes, depois de um tratamento experimental, para avaliar os seus efeitos. Pode, ainda, ser aplicado antes e depois de um determinado tratamento, o que permite ajuizar com maior precisão os resultados (como, por exemplo, nos chamados estudos de enriquecimento ou intervenção, proporcionados a crianças de classes sociais economicamente desfavorecidas).

As vantagens mais apontadas do método de testes são a objetividade e o relativamente pequeno tempo necessário para se chegar aos resultados finais.

No entanto, apesar destas vantagens, o método tem limitações. Não são todos os aspectos do comportamento passíveis de mensuração por teste. Alguns testes, como os de personalidade, estão sujeitos a fraude e má interpretação dos itens. Outros erros podem ser devidos à má aplicação.

Um problema comum com os testes é que eles costumam ser vistos como "fórmulas mágicas" para se saber coisas sobre as pessoas e, a partir dos resultados de um teste, as pessoas são "rotuladas".

Pode-se imaginar os muitos efeitos negativos de um "rótulo", como na formação da personalidade de uma criança, por exemplo.

Além disso, uma deficiência marcante deste método é que ele interfere no comportamento a ser avaliado, visto que os estímulos e situações de escolha são fornecidos pelo investigador. Isto pode resultar em certa soma de artificialismo no comportamento e, assim, a possibilidade de generalização dos resultados fica limitada.

Estudo de caso

O estudo de caso (ou histórico de caso, ou método clínico) tem como objetivo primordial ajudar pessoas com algum tipo de problema. Inicialmente, portanto, o psicólogo clínico não está interessado em formular princípios gerais do comportamento, mas sim em avaliar corretamente as dificuldades particulares do indivíduo para poder ajudá-lo, apoiado, é claro, em modelos teóricos adequados.

Para auxiliar o indivíduo, o psicólogo coleta informações sobre ele. As informações são provenientes principalmente de entrevistas, mas também poderão ser utilizados testes e observação. Todos os dados, incluindo a história passada do indivíduo, seu exame físico e ficha clínica, informações a respeito de relações familiares, dificuldades anteriores, etc., constituirão a base para o diagnóstico da dificuldade a que o psicólogo chegará sozinho ou junto a uma equipe (que pode incluir assistentes sociais, métodos e outros psicólogos).

A abordagem clínica, apesar de não objetivar primeiramente as leis gerais do comportamento, pode chegar a elas através da comparação de um grande número de estudos de casos semelhantes segundo algum aspecto importante.

Costuma-se apontar como principal valor do estudo de caso o fato de ser o único aplicável para se estudar o comportamento desajustado.

Realmente, foi com a utilização básica deste método que Freud chegou às importantes generalizações sobre o comportamento humano que fundamentam a psicanálise.

Alguns psicólogos, no entanto, afirmam que este método não é rigorosamente científico visto que lida com comportamentos não repetíveis, não se encontra nele controle e nem possibilidade de quantificação.

Além disso, a subjetividade se faz presente de maneira marcante, visto que o diagnóstico do caso está sujeito à interpretação individual do psicólogo, baseando-se na sua própria experiência e tendências teóricas.

Apesar destas dificuldades todas, o método de estudo de caso tem se mostrado útil e continuará sendo utilizado, mas seria desejável que se introduzisse, sempre que possível, técnicas de estudo que lhe conferissem maior produtividade e concordância nos procedimentos de diagnóstico e terapia.

A estatística em Psicologia

A Psicologia, assim como qualquer ciência, envolve a mensuração dos fenômenos e disto costumam resultar dados numéricos. Por exemplo, número de vezes que um comportamento foi observado, diferença de pontos entre dois grupos experimentais, frequência de uma resposta em um levantamento ou teste, etc.

Para lidar com estes números, o psicólogo vale-se da estatística.

Parece ser possível apontar duas finalidades principais do emprego da estatística pela Psicologia: a descrição e a interpretação dos dados coletados pela pesquisa.

A estatística descritiva auxilia o psicólogo a organizar os dados em tabelas, a representá-los graficamente, a calcular as medidas de tendência central, etc.

A estatística inferencial é a que permite interpretar os dados, chegar a conclusões através deles. Esta análise dos dados é, sem dúvida, um emprego importante da estatística em Psicologia, sem o qual não poderia avançar a ciência como tal.

A questão ética

Quando estão envolvidos seres humanos como sujeitos numa pesquisa, surgem naturalmente considerações de ordem ética.

Será válido submeter pessoas à observação, sem que elas saibam disto e o tenham permitido? O psicólogo tem o direito de sujeitar pessoas a experimentos? Alguns testes não podem causar danos, de algum tipo, nos indivíduos?

O procedimento usual dos psicólogos é empregar, como sujeitos de suas pesquisas, pessoas que previamente são consultadas e concordam com isto, ou, no caso de crianças, depois de haver obtido a autorização dos pais.

No entanto, nem sempre isto é possível. No método da observação, por exemplo, o simples fato do indivíduo saber que está sendo observado altera consideravelmente o seu comportamento. Nestes casos, costuma-se proceder ao estudo e, depois de concluído, comunicar às pessoas que elas estiveram sendo observadas, os objetivos da pesquisa e suas conclusões. O que acontece, em geral, é que as pessoas compreendem o procedimento e autorizam a publicação do estudo.

Para resumir e finalizar este tópico, qualquer que seja o método de estudo, é responsabilidade do investigador garantir que nenhuma pessoa sofra qualquer tipo de dano por ter participado de uma pesquisa como sujeito.

Questões
1. Descreva a sequência típica de etapas da pesquisa em Psicologia.
2. O que se entende, na investigação científica, por variável independente, dependente e de controle?
3. Elaborar, para fins de exercício, uma hipótese de pesquisa e apontar as variáveis independentes, dependentes e as de controle.
4. Caracterizar cada um dos métodos básicos de pesquisa psicológica, apontando também suas principais vantagens e limitações.
5. Quais os principais objetivos do emprego da estatística em Psicologia?
6. Como se coloca, de maneira geral, a Psicologia, em relação à questão ética envolvida em suas investigações?

CAPÍTULO 3
Fundamentos biológicos do comportamento

OBJETIVOS DE APRENDIZAGEM

Depois de estudar este capítulo, você deverá ser capaz de:
- explicar por que é necessário o estudo dos fundamentos biológicos para se compreender o comportamento;
- conceituar Psicologia Fisiológica;
- nomear os três mecanismos fisiológicos do comportamento, indicando-lhes as funções e estruturas orgânicas principais;
- listar os dez sentidos do homem, relacionando-os com o tipo de energia captada por seus receptores;
- mostrar que não temos experiência direta do mundo descrevendo o processo fisiológico de recepção de estímulos;
- mostrar que existem limites à experiência sensorial, referindo-se aos fatores que os estabelecem;
- Justificar a importância dos músculos e glândulas no processo de ajustamento ao meio;
- nomear as três grandes divisões do sistema nervoso, suas subdivisões e descrever suas principais funções;
- nomear e descrever as principais técnicas de estudo do cérebro;
- mostrar a importância do córtex cerebral para o comportamento e relacionar os lobos cerebrais com as funções de áreas específicas do córtex.

Introdução

Por que razão um livro introdutório à Psicologia dedicaria um capítulo à análise de fundamentos biológicos?

Em primeiro lugar, porque o homem é um organismo biológico e, para que se possa compreender o seu comportamento, há necessidade de se estudar, também, a base orgânica que permite a sua existência.

Para que alguém se dê conta da importância dos fatores biológicos sobre o comportamento, basta que reflita um momento sobre o efeito impressionante das drogas, observável, na vida cotidiana.

O ramo da Psicologia que estuda a base orgânica do comportamento é chamado de Psicologia Fisiológica.

A Psicologia Fisiológica é o estudo do modo pelo qual as mudanças no interior do organismo (no funcionamento de glândulas endócrinas, por exemplo) levam a alterações no comportamento (ações, pensamentos, emoções, etc.) e, também, o exame da maneira pela qual o organismo reage a situações psicológicas como às emoções, aprendizagens, percepções, etc.

Esta caracterização da Psicologia Fisiológica dá a ideia de uma interação contínua, dinâmica e mutável entre eventos psicológicos e fisiológicos e permite perceber a interdependência entre esses eventos.

No entanto, é preciso reconhecer, antes de mais nada, que o indivíduo (animal ou humano) é uma totalidade e como tal reage. A divisão entre os sistemas fisiológicos e psicológicos é feita por conveniência de estudo.

A análise e experimentação fisiológicas permitem compreender muito sobre o comportamento. Um exemplo é o estudo fisiológico levado a efeito sobre o fenômeno da fadiga "psicológica", nome dado ao cansaço que sente a pessoa empenhada em uma tarefa rotineira, monótona, por muito tempo. A explicação para este fenômeno revelou-se fora do âmbito da fisiologia do organismo.

Da mesma forma, observou-se que mudanças elétricas ou químicas em determinadas áreas do cérebro têm estreita relação com mudanças nos estados afetivos.

Assim, o estudo da estrutura fisiológica e seu funcionamento contribuiu de forma valiosa para a compreensão dos fenômenos comportamentais, quer humanos, quer animais.

Mecanismos fisiológicos do comportamento

Pode-se compreender o comportamento como o produto do funcionamento de três mecanismos fisiológicos, a cada qual corresponde uma estrutura orgânica básica.

São eles: o mecanismo *receptor*, constituído pelos órgãos dos sentidos e que têm como função captar os estímulos do meio; o mecanismo *efetor*, que compreende os músculos e as glândulas e reage aos estímulos captados e o mecanismo *conector*, constituído pelo sistema nervoso, que estabelece a conexão entre receptor e efetor.

Mecanismo receptor

Os sentidos

Os órgãos dos sentidos permitem a captação de um número incrível de informações, tanto do meio externo quanto interno.

Apesar de se continuar falando, popularmente, nos cinco sentidos, as pesquisas fisiológicas identificam um número bem maior de sentidos no homem. Eles podem ser classificados em dez categorias: visão, audição, olfato, paladar, tato, frio, calor, dor, cinestesia e equilíbrio.

Esta classificação é, até certo ponto, arbitrária, pois poder-se-ia listar um número maior de sentidos para o homem se se considerasse, por exemplo, a existência de receptores diferentes para a visão (cones e bastonetes) ou de receptores diferentes para os diferentes tipos de gosto (azedo, doce, salgado e amargo).

Os sentidos de tato, frio, calor e dor são chamados, em conjunto, de sentidos cutâneos, e a cinestesia e equilíbrio são os sentidos proprioceptivos, em oposição aos demais, exteroceptivos.

De qualquer modo, porém, o homem tem muito mais do que cinco sentidos e, quem sabe, a pesquisa futura poderá apontar algum tipo de receptor hoje desconhecido.

Os receptores

O elemento que realmente define cada sentido é o conjunto de células receptoras especializadas. Cada tipo de receptor reage a um tipo diferente de energia.

Assim, alguns receptores respondem à energia térmica, outros à energia química, ou luminosa ou mecânica.

Os receptores térmicos encontram-se na pele, os receptores químicos são os do paladar e os do olfato, os receptores da luz estão na retina dos olhos. Os receptores da energia mecânica são os da audição, da pressão (na pele), do sentido cinestésico e do equilíbrio.

Os receptores cinestésicos estão localizados nos músculos, tendões e articulações e informam sobre a posição dos membros e grau de contração muscular.

Este sentido tem um importante papel na nossa adaptação ao meio. O caminhar, subir e descer escadas, dirigir automóveis, são alguns exemplos de comportamentos que seriam impossíveis sem ele.

Os receptores do equilíbrio, também chamado sentido vestibular, estão nos canais semicirculares e vestibulares do ouvido interno e informam sobre a posição da cabeça e movimento geral do corpo, permitindo, assim, a manutenção do equilíbrio, da postura corporal, dos movimentos firmes.

Os receptores da dor, localizados em muitos órgãos, reagem a uma grande variedade de estímulos térmicos, mecânicos e químicos.

As células receptoras estão ligadas a fibras de células nervosas. Quando uma célula receptora é estimulada, a energia estimuladora é transduzida (transdução é o nome do processo de transformação de um tipo de energia em outro) em energia elétrica nervosa. Se a energia for suficientemente grande, originará um impulso nervoso que é transmitido, através de várias células nervosas, ao córtex cerebral ou a outra região do sistema nervoso central.

Esta descrição simplificada do processo de recepção de estímulos mostra que o tipo de experiência sensorial que temos depende do receptor estimulado e não do tipo de estimulação.

Por isso é possível afirmar que não temos uma experiência direta do mundo, mas que a nossa experiência sensorial é decorrente da estimulação, no córtex, de uma área sensorial especializada, ponto de "chegada" de uma via sensorial específica. Por exemplo, se um grupo de células, no córtex, for estimulado através da implantação de eletrodos, a experiência sensorial decorrente pode ser visual ou auditiva ou outra, dependendo da área que foi estimulada. Com exceção do olfato, cada superfície sensorial do corpo é ligada a uma área sensorial do córtex cerebral, especializada para um dos sentidos, no lado oposto do cérebro.

Limites da experiência sensorial

É evidente que o número e a intensidade de experiências sensoriais dependerão de muitos fatores, dentre os quais o bom ou mau funcionamento dos órgãos dos sentidos.

Além disso, o indivíduo não toma consciência de todos os estímulos recebidos pelos seus órgãos dos sentidos. A atenção é o principal processo que determinará quais os estímulos selecionados para serem percebidos.

Os órgãos dos sentidos, por sua vez, mesmo em perfeitas condições, também não captam todos os estímulos existentes ao redor do organismo. Existem limiares, isto é, pontos abaixo dos quais não há sensação. Em outras palavras, a energia precisa estar acima de um certo nível de intensidade para que provoque um efeito sensorial (é o chamado "limiar absoluto"). Um exemplo comum é fornecido pelo apito de chamar cães, que emite um som inaudível para o homem, embora audível para os cães.

Há também o "limiar diferencial", isto é, o organismo somente poderá perceber diferenças nas intensidades do estímulo, se estas diferenças forem suficientemente grandes.

O ser humano criou instrumentos que lhe permitem ampliar sua capacidade receptora natural. O telescópio, o rádio, o microscópio são exemplos destes instrumentos.

Mecanismo efetor

As múltiplas estimulações do meio levam o indivíduo a reagir, para ajustar-se a ele. Neste processo de ajustamento, o comportamento motor e emocional têm um importante papel.

O comportamento observável se dá a partir dos efetores, ou órgãos de resposta, que incluem músculos e glândulas, ativados pelo sistema nervoso.

É grande a amplitude de respostas humanas possíveis, desde a resposta reflexa imediata até os mais complexos comportamentos motores como correr, falar, escrever, etc.

Os músculos

Os músculos estriados ou esqueléticos são responsáveis, de maneira geral, pelos movimentos voluntários do corpo como o de levantar um peso do chão ou o de escrever.

Os músculos lisos, encontrados principalmente nas vísceras, artérias e veias, são responsáveis, em geral, por movimentos não voluntários, como a contração ou dilatação dos vasos sanguíneos.

O músculo cardíaco é o responsável pelo funcionamento do coração.

Sendo os músculos os órgãos dos quais depende toda a atividade do organismo (manter-se em posição ereta, falar, andar, digerir, etc.) é evidente a sua importância no comportamento do indivíduo, no processo de adaptação ao meio.

As glândulas

As glândulas do organismo são classificadas em endócrinas (se lançam seus produtos na corrente sanguínea), exócrinas (se os lançam na superfície do organismo ou em alguma cavidade) e mistas (se lançam alguns produtos na corrente sanguínea e outros fora dela).

Assim como os músculos, as glândulas se constituem em mecanismos de resposta. Como exemplos, o organismo reage ao alimento, procurando digeri-lo, através da ação das glândulas salivares ou elimina substâncias através dos poros cutâneos, pela ação das glândulas sebáceas ou sudoríparas.

As secreções das glândulas exócrinas (principalmente das lacrimais, salivares e sudoríparas) são úteis como indicadoras observáveis de estados emocionais.

São as glândulas endócrinas, entretanto, as de maior interesse para o estudioso da Psicologia. Lançando seus hormônios na corrente sanguínea, estas glândulas promovem reações globais do organismo, agindo como excitantes ou inibidoras de certas funções dos órgãos e tecidos. Estas glândulas têm íntima relação com as atividades motoras e emocionais do homem.

Um exemplo que demonstra claramente a relação mútua existente entre o funcionamento das glândulas endócrinas e o comportamento é o fato de o tamanho da glândula suprarrenal influenciar a reação do adulto ao *stress*. Por outro lado, o tamanho das suprarrenais pode ser modificado pela intensidade do *stress* a que é submetida a criança.

A suprarrenal é constituída de duas partes: o córtex e a medula suprarrenais. A medula, que é o núcleo da glândula, entra em atividade durante os estados emocionais, produzindo adrenalina que prepara o organismo para as emergências. O córtex suprarrenal segrega hormônios que regulam a manutenção da vida, tanto assim que a destruição do córtex suprarrenal produz a morte. Estes hormônios controlam ainda o metabolismo do sal e carboidrato do organismo. Estudos mais recentes apontam certa relação entre a atividade do córtex suprarrenal e a doença mental. Pacientes normais, quando tratados com hormônios desse tipo, apresentam sintomas semelhantes aos do doente mental.

As gônadas (glândulas sexuais) são responsáveis pela determinação do impulso sexual, crescimento dos órgãos sexuais e pelo desenvolvimento das características sexuais secundárias.

É interessante notar que no homem, diferentemente do que ocorre no animal, a castração, após o alcance da fase adulta, não provoca o desaparecimento das respostas sexuais. Parece que no homem o sexo não é, apenas, resposta hormonal, mas também pensamento e sentimento.

Os hormônios segregados pela tireoide atuam sobre a atividade metabólica das células. O cretinismo (condição física e mental) é resultante do hipotireoidismo. O hipertireoidismo pode provocar perturbações no crescimento do esqueleto. O nível de atividade de um organismo, a maior ou menor propensão à fadiga e o peso do corpo estão também relacionados ao funcionamento da tireoide.

A hipófise (ou pituitária) compreende duas glândulas, a anterior e a posterior, com funções bem distintas.

A hipófise posterior determina o ritmo e o controle da micção. A hipófise anterior, denominada glândula mestra, produz diferentes hormônios que, além de influenciar no crescimento geral, regulam a atividade das demais glândulas.

Embora não haja uma relação direta entre produção de hormônios e a personalidade do indivíduo, é evidente que o sistema endócrino desempenha destacada função em nossas motivações e emoções. Cada indivíduo tem o seu próprio padrão endócrino, assim diferentes pessoas normais podem ter diferentes padrões endócrinos.

Deve-se acrescentar que o sistema endócrino não é o único responsável pelo controle do comportamento. O sistema nervoso e o meio ambiente também devem ser considerados.

Mecanismo conector

É o sistema nervoso que estabelece a conexão entre receptores e efetores. Formado por vários bilhões de neurônios que, na sua imensa maioria têm a função de condutores, o sistema nervoso pode ser dividido, para fins de estudo, de muitas maneiras diferentes.

Uma maneira comumente usada é dividi-lo em três grandes partes: sistema nervoso central, sistema nervoso periférico e sistema nervoso autônomo.

Esta divisão, com as estruturas orgânicas que a compõem, está representada no esquema abaixo.

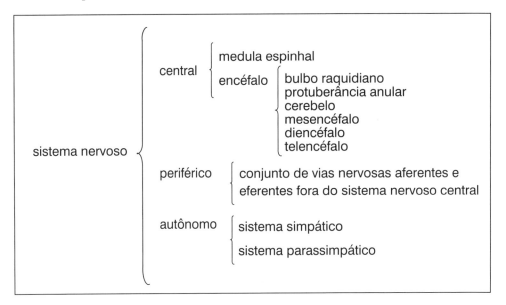

Quadro 3.1 – Divisões do Sistema Nervoso

Sistema Nervoso Central

A medula espinhal e o encéfalo, envolvidos pela coluna vertebral e caixa craniana respectivamente, constituem o sistema nervoso central. Este sistema fornece fibras nervosas para todo o corpo (excetuando-se as vísceras, inervadas pelo sistema autônomo).

A *medula espinhal* estende-se da base do crânio à região sacra, até o cóccix.

A medula é, dito de forma simples, uma via condutora de estímulos e respostas. Tais respostas podem partir do encéfalo ou dela mesma, como é o caso dos reflexos simples. A medula tem, entre suas funções, as de controle da micção, defecação, respiração e locomoção.

O *encéfalo* é, na verdade, uma massa integrada, única e grande, mas que pode ser dividida, para fins descritivos, em seis partes principais: bulbo raquidiano, protuberância anular, cerebelo, mesencéfalo, diencéfalo e telencéfalo.

O encéfalo pesa cerca de 1,360kg no homem adulto e é maior na espécie humana, em proporção ao tamanho do corpo, do que em qualquer outro das espécies animais.

A figura 3.1 e o quadro 3.2 abaixo procuram oferecer, de uma forma simples e esquemática, algumas informações sobre as partes que compõem o encéfalo.

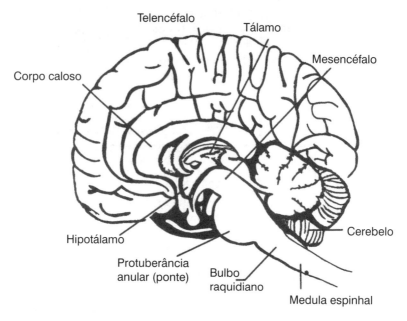

Fig. 3.1 – Sistema Nervoso Central

Quadro 3.2 – Estruturas encefálicas

Partes do encéfalo	Alguns dados	Funções
Bulbo raquidiano (ou medula oblonga)	Segmento mais inferior do encéfalo, é uma dilatação da medula espinhal. Tem pouco mais de 2,5cm de comprimento. Parte vital do encéfalo, uma lesão pode ser fatal.	Controle de funções vitais como a atividade cardíaca, gastrointestinal, respiração. Transmite impulsos sensoriais e motores para centros superiores e inferiores. Controla mecanismos como os de espirro, tosse, ato de engolir e o vômito.

Protuberância anular	Localizada logo acima e adiante do bulbo raquidiano. Conhecida, também, como ponte de Varólio.	Condução de fibras ascendentes e descendentes. Juntamente com o bulbo, regula a circulação, respiração e locomoção.
Cerebelo	Conhecido como "árvore da vida" pela sua forma, pesa em média 140 gramas. É a segunda maior parte do encéfalo. Localizado imediatamente abaixo da porção posterior do telencéfalo, ficando parcialmente encoberto pelos lobos cerebrais.	Coordena as atividades dos músculos esqueléticos, de forma a manter o equilíbrio e a postura. Age também no sentido de dar suavidade aos movimentos musculares. Todas as funções cerebelares estão abaixo do nível da consciência.
Mesencéfalo	Curta estrutura localizada imediatamente abaixo da superfície inferior do telencéfalo e acima da protuberância anular.	Contém núcleos para alguns reflexos auditivos e visuais, mas, acima de tudo, o mesencéfalo serve como via de condução entre a medula e as outras partes do encéfalo.
Diencéfalo	Compreende o tálamo e o hipotálamo, estruturas localizadas entre o telencéfalo e o mesencéfalo.	O tálamo é um importante intermediário de impulsos sensoriais que vão ao cérebro. Exerce, também, importante papel no mecanismo de despertar ou de alertar. O hipotálamo contém o centro do mecanismo de termorregulação e outros que exercem influência sobre o apetite, expressão corporal da emoção e funções reprodutoras.
Telencéfalo (ou cérebro)	Forma ovoide, o mais volumoso dos órgãos do sistema nervoso (7/8 do peso total do encéfalo), compreende dois hemisférios, separados pela fissura longitudinal e associados pelo corpo caloso. Sua superfície é de substância cinzenta (núcleos dos neurônios) disposta em dobras chamadas de circunvoluções ou giros. É o que se chama córtex.	Compreende os centros nervosos que dirigem todas as atividades sensoriais e motoras e, ainda, as áreas responsáveis pelo exercício do raciocínio, memória e inteligência.

Sistema Nervoso Periférico

O sistema nervoso periférico se constitui no conjunto de neurônios que vão dos receptores até a medula e ao encéfalo (aferentes) e ao conjunto dos neurônios que partem do sistema nervoso central e vão aos músculos e glândulas (eferentes).

Sistema Nervoso Autônomo

O sistema nervoso autônomo é o responsável pela ação da musculatura e dos processos glandulares que de forma geral não estão sujeitos ao controle voluntário.

Estruturalmente, o sistema nervoso autônomo pode ser dividido em dois: o simpático e o parassimpático.

A ramificação simpática atua durante os estados de excitação do organismo e age no sentido de dispender os recursos do organismo. Sua função, em geral, é preparar o organismo para situações de emergência como as de luta, medo ou fuga.

A ramificação parassimpática, pelo contrário, está em ação durante os estados de repouso, e visa conservar os recursos do organismo.

Alguns órgãos do corpo são ativados por apenas uma destas duas ramificações, mas geralmente as estruturas abastecidas pelas fibras de uma delas também o são pelas da outra.

Em regra, as duas divisões funcionam de modo antagônico. Assim, por exemplo, a atividade cardíaca é aumentada como resultado da estimulação simpática e atrasada ou inibida devido à estimulação parassimpática.

Este antagonismo, entretanto, funciona de modo coordenado com vistas a restaurar e manter o estado de equilíbrio normal do organismo.

O controle de ambas as divisões do sistema nervoso autônomo parece estar localizado principalmente no hipotálamo.

Técnicas de estudo do cérebro

Costuma-se chamar, vulgarmente, de cérebro, ao conjunto total de estruturas neurais localizadas no topo da coluna vertebral (mais corretamente, o encéfalo).

O cérebro é, dentre as partes do organismo, a mais complexa e, provavelmente, a mais desconhecida.

Muitas técnicas foram criadas para o seu estudo, buscando identificar as suas partes estruturais e as funções de cada uma.

As técnicas *anatômicas* visam identificar as unidades estruturais do cérebro e descrever as relações entre elas.

Utilizando-se de recursos como os corantes e outros para observar os diferentes tecidos, a técnica consegue um mapa neural onde aparecem, apenas, os grandes grupos de células nervosas que compõem o cérebro. Além da enorme complexidade da interligação de cerca de dez bilhões de neurônios, há diferenças individuais entre os cérebros, fatores que dificultam a tarefa de descrever anatomicamente o cérebro.

A técnica do *desenvolvimento* tem como procedimento básico a comparação entre a estrutura cerebral e o comportamento. Uma das maneiras de fazer isso é estabelecer comparação entre o desenvolvimento do cérebro e as mudanças no comportamento que se dão no período de crescimento do indivíduo. Outra modalidade da técnica é a comparação entre a estrutura cerebral e os comportamentos de espécies diferentes de animais.

Esta técnica mostrou, por exemplo, que os lobos cerebrais temporais do golfinho são bastante grandes, o que corresponde à sua notável aptidão acústica.

A técnica da *remoção* consiste em remover ou lesionar uma parte do cérebro e estudar o comportamento anterior e posterior à lesão. No ser humano, lesões não intencionais têm permitido o emprego da técnica que possibilita a determinação da função das estruturas cerebrais.

A técnica da *estimulação* (elétrica ou química) também permite o mapeamento e informações sobre o funcionamento do cérebro. Descobriu-se, por exemplo, em experiências com animais, a existência, em regiões mais profundas do cérebro, de centros neurais do prazer, da fome, da saciação e outros.

A técnica do *registro elétrico* (EEG), realizada com o uso de aparelho especial (o eletroencefalógrafo), amplia e registra as minúsculas correntes elétricas que se dão no cérebro. A técnica é, comparada com a seguinte, relativamente grosseira, já que consegue registrar apenas a atividade elétrica de grandes conjuntos de neurônios. Já usada para identificar fases do sono, lesões ou tumores cerebrais, zonas de menor ou maior atividade neural.

A técnica do *registro por microeletrodos* pode, implantando eletrodos minúsculos até numa única unidade neural, monitorar sua atividade e, com muito maior precisão, determinar as funções e estruturas neurais.

O córtex cerebral

A importância do córtex cerebral, fina camada (de 1,24 a 4,5mm) de substância cinzenta que recobre os hemisférios cerebrais, justifica um item especial num capítulo como este.

Calcula-se que o córtex cerebral é formado por cerca de nove bilhões de neurônios interligados numa estrutura altamente complexa.

É o córtex que coordena e controla as atividades mais superiores, mais específicas da espécie humana e dos mamíferos superiores.

As diversas técnicas de estudo do cérebro determinaram que existem áreas na superfície do córtex que estão envolvidas nas funções sensorial e motora. Estas áreas recebem o nome de áreas projetivas. A figura 3.2 procura mostrar sua localização nos hemisférios cerebrais.

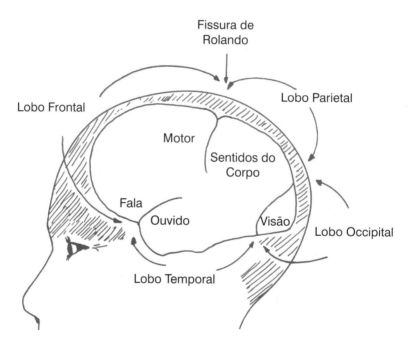

Fig. 3.2 – Lobos cerebrais e áreas especializadas do córtex

O córtex motor determina a movimentação dos músculos e o córtex sensitivo recebe impulsos que informam sobre a sensibilidade do corpo em geral (pele, músculos, articulações e tendões).

Os centros motores e sensitivos da fala, visão, audição e outros têm localização específica, como mostra a figura 3.2.

A extensão da superfície do córtex motor ou sensitivo é proporcional ao grau de complexidade do controle motor ou de sensibilidade dessa área. Assim, por exemplo, as áreas motoras e sensitivas correspondentes à boca são bem maiores do que às correspondentes ao pé ou ao abdômen.

As mesmas áreas gerais do corpo que têm alta sensibilidade cutânea têm também altos graus de mobilidade e correspondentes áreas corticais grandes. Áreas como estas são as das mãos, dos dedos, da língua e dos lábios.

Além das áreas motora e sensitiva, as demais áreas do córtex são chamadas de áreas de associação porque se supõe que devam ter uma função associativa geral das informações neurais.

O córtex e o cérebro como um todo são, assim, o centro das atividades superiores conscientes como as de pensamento, linguagem, etc.

Questões
1. Como se justifica o estudo de fundamentos biológicos numa obra de Psicologia?
2. O que é Psicologia Fisiológica?
3. Quais são os mecanismos fisiológicos do comportamento? Quais são suas estruturas orgânicas e suas funções?
4. Quais são os sentidos humanos? Que tipo de energia captam os seus receptores?
5. Descrever o processo fisiológico da recepção de estímulos pelos sentidos.
6. O ser humano capta todos os estímulos sensoriais que o rodeiam? Por quê?
7. Qual o papel dos músculos no processo de ajustamento ao meio?
8. Qual a relação entre glândulas exócrinas e endócrinas com o comportamento?
9. Como costuma ser dividido o sistema nervoso? Nomear as estruturas orgânicas que compõem cada uma das divisões.
10. Quais são as principais técnicas de estudo do cérebro? Como se opera com cada uma delas?
11. Por que o córtex cerebral é considerado tão importante na determinação do comportamento humano?
12. Listar as funções e as áreas específicas do córtex responsáveis por elas.

CAPÍTULO 4
Fundamentos sociológicos do comportamento

OBJETIVOS DE APRENDIZAGEM

Depois de estudar este capítulo, você deverá ser capaz de:
- justificar a necessidade de estudar as influências sociais para se entender o comportamento;
- conceituar Psicologia Social, "interação social" e "comportamento interpessoal";
- explicar por que alguns estudiosos afirmam que toda a Psicologia é Psicologia Social;
- estabelecer distinção entre os estudos da Psicologia Social em nível do indivíduo e em nível do grupo;
- conceituar "socialização", argumentar a respeito da sua importância para a Psicologia e dar exemplos de fatores socializantes, explicando sua influência no comportamento;
- conceituar "percepção social", descrever o fenômeno da "primeira impressão" e sua importância e justificar a necessidade de estudo do processo da percepção social;
- conceituar "atitude" e oferecer exemplos, mostrar que atitude e comportamento não são sinônimos; apontar os tipos de objetos a respeito dos quais não temos atitudes; relacionar mudança e desenvolvimento das atitudes e argumentar a respeito da importância da compreensão das atitudes para a Psicologia;
- explicar e exemplificar os conceitos de "grupo", "grupo primário e secundário", "posição", *status* e "papel";
- justificar a importância do conceito de "papel" para se compreender o comportamento humano;
- caracterizar liderança como um fenômeno grupal, referindo-se aos atributos "emergencial" e "situacional"; explicar o que se entende por líder formal e informal; caracterizar a liderança autocrática, *laissez-faire* e democrática referindo-se ao comportamento do líder e às consequências sobre as relações interpessoais e a produtividade.

Introdução

O homem, assim como os outros animais, vive associado a outros indivíduos da sua espécie.

Todas as notícias que recebemos da história e da pré-história nos falam de agregados humanos.

O eremita é uma "exceção à regra" bastante rara e Robinson Crusoé apenas uma figura literária.

O homem isolado é, na verdade, uma ficção.

Desde o nascimento, os seres humanos vivem em um processo de interação com os semelhantes.

Quem pretender estudar e compreender o comportamento, pois, não pode deixar de considerar o ambiente social em que ele ocorre.

A Psicologia Social é o ramo da Psicologia que estuda os comportamentos resultantes da interação entre os indivíduos.

Entende-se por interação social o processo que se dá entre dois ou mais indivíduos, em que a ação de um deles é, ao mesmo tempo, resposta a outro indivíduo e estímulo para as ações deste, ou, em outras palavras, as ações de um são, simultaneamente, um resultado e uma causa das ações do outro.

Estes comportamentos, chamados interpessoais, ou sociais, podem se dar de muitas formas diferentes. Por exemplo, podem ser movimentos físicos como um soco, um abraço, uma expressão facial, ou podem ser palavras proferidas oralmente ou escritas.

É preciso fazer notar que um comportamento interpessoal não necessariamente se dá apenas quando estão juntos dois ou mais indivíduos. Quando o adolescente, na solidão de seu quarto, se apronta esmeradamente para o encontro que terá, no mesmo dia, com a namorada, está oferecendo um exemplo de comportamento interpessoal porque se comporta com referência a outra pessoa, na expectativa de uma interação.

Quando este mesmo adolescente dá um pontapé raivoso numa pedra, numa rua deserta, expressando sua frustração porque o encontro não transcorreu como ele desejava, também está respondendo a estímulos de uma interação já ocorrida, por isso pode-se classificar este comportamento de social ou interpessoal.

Sendo assim, é fácil verificar que praticamente todos os comportamentos humanos são resultantes da convivência com os demais.

Por isso, muitos estudiosos insistem que, na verdade, toda Psicologia é Psicologia Social.

Apesar da conceituação da Psicologia Social como "o estudo dos comportamentos resultantes da interação social" ser bastante ampla e pouco esclarecedora (já que quase todos os comportamentos são resultantes do processo de interação), ela serve para distinguir a Psicologia Social de outros campos de estudo da Psicologia, como, por exemplo, da Psicologia Fisiológica.

Não há, entretanto, fronteiras delimitadas entre a Psicologia Social e outros campos da Psicologia, assim como não as há entre a Psicologia Social e outras disciplinas, especialmente a Sociologia.

Para concluir, o comportamento humano se dá em um ambiente social, é decorrência dele, ao mesmo tempo que o determina.

Sendo o objeto de estudo da Psicologia o comportamento e estando o comportamento tão estreitamente vinculado ao meio social, é evidente a importância do estudo da influência social sobre o comportamento.

O comportamento social do indivíduo

Numa tentativa de estruturar o vasto campo de interesse da Psicologia Social, alguns estudiosos dividem-no em dois níveis, o do indivíduo e o do grupo.

Há estudos em Psicologia Social que se interessam pelo comportamento social individual, como é o caso dos estudos sobre processos de socialização, percepção social e atitudes sociais. Outros buscam compreender processos basicamente grupais como o desempenho de papéis, liderança e outros, investigando as influências do grupo sobre o indivíduo e vice-versa.

É claro que esta divisão em níveis pretende apenas facilitar a compreensão do amplo campo de estudo da Psicologia Social, porque para se entender o comportamento social é preciso tanto estudar os processos individuais quanto os grupais, basicamente interdependentes.

Não se pode pretender, em um livro de introdução à Psicologia, o exame extenso e detalhado de todos os temas da Psicologia Social, por isso o restante deste capítulo pretende apenas oferecer alguns dados sobre tópicos bastante estudados em Psicologia Social.

Socialização

Chama-se socialização o processo pelo qual o indivíduo adquire os padrões de comportamento que são habituais e aceitáveis em seus grupos sociais. Este processo de aprender a ser um membro de uma família, de uma comunidade, de um grupo maior, começa na infância e perdura por toda a vida, fazendo com que as pessoas atuem, sintam e pensem de forma muito semelhante aos demais com quem convivem.

A influência da cultura (conhecimentos, maneiras características de pensar e sentir, hábitos, metas, ideais, etc.) da sociedade em que vive um indivíduo é enorme na formação da sua personalidade.

Por exemplo, nas sociedades ocidentais em geral, a competição é valorizada e as crianças são recompensadas pelos comportamentos de competição. Entre os índios Zunis (do Novo México, estudados pela antropóloga Ruth Benedict) ou nos "kibbutzim" israelenses, pelo contrário, a cooperação constitui-se num valor realçado de forma que as crianças que terminam suas tarefas mais rapidamente são contidas para que não provoquem constrangimento nas outras. Estas crianças aprenderão a preferir manter-se iguais, e não superiores, aos seus companheiros.

Assim, a cultura do meio social de um indivíduo influencia marcantemente suas características de personalidade, seus motivos, atitudes e valores. As prescrições culturais são ensinadas à criança, inicialmente, pela família.

A família se constitui no maior agente socializante, isto é, as experiências da criança na família, particularmente com a mãe, são da maior importância para determinar seu comportamento em relação aos outros.

É a mãe, em geral, que satisfaz as necessidades básicas da criança, alimentando-a, aquecendo-a, livrando-a de dores, etc. No caso das primeiras interações com a mãe serem gratificantes, a criança passará a confiar nela e, por generalização, a confiar nos outros; se ocorrer o contrário, isto é, se a criança não puder contar com a mãe sempre que houver uma necessidade a ser satisfeita ou se a mãe não suprir satisfatoriamente suas necessidades, desenvolver-se-á um sentimento de desconfiança que será generalizado aos outros.

As reações costumeiras dos pais aos comportamentos exploratórios e independentes dos filhos pequenos se constituem, também, num exemplo de fator de socialização.

De maneira geral, pais tolerantes que recompensam e encorajam a conduta independente e a curiosidade terão filhos mais ativos, confiantes em si mesmos, com desejos de domínio sobre o meio. Em contraste, os pais que restringem a atividade exploratória e liberdade de movimentos de seus filhos, ou para superprotegê-los ou apenas para conseguir manter o controle sobre eles, terão filhos submissos, retraídos nas situações sociais e sem confiança em si próprios.

Foram oferecidos, neste item, alguns exemplos de como o meio social em geral e o meio familiar em particular influem no processo de socialização do indivíduo.

No entanto, não se deve perder de vista que é grande o número de fatores e agentes socializantes, tornando extremamente complexo o processo de socialização.

Percepção social

Chama-se percepção social ao processo pelo qual formamos impressões a respeito de uma outra pessoa ou grupo de pessoas.

Sobre as pessoas nunca temos percepções desconexas ou isoladas, mas sempre integramos observações numa impressão unificada e coerente, mesmo que para isso precisemos "inventar" ou "distorcer" características percebidas.

Já se estudou bastante a respeito das "primeiras impressões" e da sua importância. Resumidamente, nós todos temos a tendência de fazer julgamentos bastante complexos a respeito dos outros, com base em bem poucas informações. As primeiras impressões determinam em muito o nosso comportamento em relação às pessoas e têm probabilidade de se tornarem estáveis, talvez pela tendência dos seres humanos de corresponderem às expectativas a seu respeito.

Um experimento que ilustra a influência da primeira impressão na formação de juízo sobre as pessoas, e também a tendência de julgar a partir de poucos dados, é o realizado por Kelley em 1950.

Nesse experimento, anunciou-se a um grupo de estudantes universitários que teriam uma palestra com um professor visitante. Antes da palestra foram distribuídas folhas mimeografadas com uma descrição do palestrante. Metade dos alunos receberam folhas onde se dizia que ele era uma pessoa "fria, trabalhadora, crítica, prática e decidida". Para outra metade dos alunos, a descrição diferia apenas em uma palavra, o palestrante era descrito como "afetuoso, trabalhador, crítico, prático e decidido". A seguir, o "professor visitante" (na verdade, um cúmplice do experimentador) era introduzido na sala e conduzia um debate de vinte minutos.

Solicitados a avaliar o palestrante, os alunos que receberam a descrição do professor como "frio" dizem que ele era egocêntrico, cerimonioso, pouco sociável e sem graça. Os outros, que receberam a descrição do professor como "afetuoso", tenderam a avaliá-lo como atencioso, sem cerimônia, sociável, benquisto e engraçado.

Pode-se observar, então, que, a partir apenas de uma descrição sucinta e de um contato de vinte minutos, se formaram juízos complexos e coerentes. Além disso, apesar de todos terem observado a mesma pessoa, na mesma situação, chegaram a conclusões bem diferentes sobre ela, apenas a partir de uma primeira impressão diferente, induzida pela informação inicial que tiveram sobre ela. O comportamento dos alunos, durante os vinte minutos de debate, também foi diferente, com muito maior participação daqueles que o acreditavam "afetuoso".

É claro que, muitas vezes, mudamos, após alguma convivência, a nossa impressão inicial de uma pessoa, mas isto não invalida a constatação sobre a tendência de a primeira impressão de ser duradoura.

O processo global pelo qual formamos impressões dos outros é bastante complexo e as pesquisas mostram que está sujeito a muitos erros, como aqueles em que atribuímos aos outros, de forma inconsciente, ou quase, as nossas próprias tendências, desejos ou motivações.

Dado que as relações entre as pessoas dependerão muito das impressões que formam umas das outras, a compreensão do processo de percepção social é muito importante em Psicologia Social.

Atitudes

Entende-se por atitude a maneira, em geral organizada e coerente, de pensar, sentir e reagir a um determinado objeto que pode ser uma pessoa, um grupo de pessoas, uma questão social, um acontecimento, enfim, qualquer evento, coisa, pessoa, ideia, etc.

As atitudes podem ser positivas ou negativas e são, invariavelmente, aprendidas.

Quando uma pessoa pensa, por exemplo, que a democracia é a melhor forma de governo, gosta das pessoas ou situações que de certa forma a representem e apoia regimes democráticos através de palavras e outras ações, oferece um exemplo de atitudes positivas em relação ao objeto que, neste caso, é a democracia.

Um exemplo de atitude negativa poderia ser dado pela pessoa que percebe os negros como preguiçosos e relaxados, não gosta deles e procura evitá-los ou prejudicá-los.

As atitudes têm, assim, três componentes: um componente cognitivo, formado pelos pensamentos e crenças a respeito do objeto: um componente *afetivo*, isto é, os sentimentos de atração ou repulsão em relação a ele e um componente *comportamental*, representado pela tendência de reação da pessoa em relação ao objeto da atitude.

Na ausência de qualquer um destes componentes, ou na ausência de um objeto, não se pode falar legitimamente em atitude.

É preciso fazer notar, no entanto, que, destes três componentes, apenas um é observável diretamente: o comportamento. Os outros dois (pensamentos e sentimentos) são inferidos a partir dele. Assim, se uma pessoa coleciona artigos sobre os Beatles, compra todos os seus discos e procura assistir a todos os seus filmes, é razoável acreditar que também gosta deles e que pensa a seu respeito coisas muito positivas.

Não se deve concluir, porém, que atitude seja sinônimo de comportamento, porque, muitas vezes, o comportamento de alguém, numa determinada situação, não é coerente com a sua atitude. Um rapaz que afirma à sua namorada que gosta muito da mãe dela não necessariamente tem, mesmo, atitude positiva em relação à provável futura sogra. Somente a observação do comportamento global e costumeiro do rapaz em relação à mãe da moça, durante um certo período de tempo, poderá responder à questão.

Temos atitudes em relação a quase tudo, exceto em relação a dois tipos de objetos: os que não conhecemos e os que são de pouca ou nenhuma importância para nós. Por exemplo, é de se supor que poucos brasileiros tenham alguma atitude em relação à política interna do governo finlandês ou à cor da borracha usada pelos escolares.

A importância das atitudes reside no fato do comportamento ser, em geral, gerado pelo conjunto de conhecimentos e sentimentos. Assim sendo, conhecendo-se as atitudes de alguém, pode-se, com alguma segurança, prever o seu comportamento; além disso, se a intenção é mudar o comportamento das pessoas, deve-se procurar formar atitudes nelas ou alterar as já existentes.

Muitos comerciais da televisão procuram ensinar atitudes positivas em relação a determinados produtos (porque o comportamento correspondente será comprá-los) e muito esforço já foi empregado na tentativa de acabar com o preconceito racial.

Uma característica importante das atitudes, entretanto, é a tendência para serem muito resistentes à mudança, isto é, depois de adquiridas; as atitudes são difíceis de serem mudadas. O preconceito racial permanece bastante vigoroso, apesar das inúmeras campanhas antissegregacionistas (um preconceito é uma atitude negativa extrema contra o "outro" estereotipado).

A explicação para isto talvez esteja no processo de desenvolvimento das atitudes.

Nossas atitudes mais básicas (e que vão, portanto, influenciar na aquisição de outras) são aprendidas na infância, através da interação com os pais.

Geralmente, os pais são objetos de atitudes muito positivas da criança, já que eles atendem às suas necessidades, proporcionando-lhe bem-estar. Assim, tornam-se os principais modelos a serem imitados em suas atitudes. Além disso, mostrar atitudes iguais às dos pais é costumeiramente reforçado.

Não é verdade, entretanto, que as pessoas tenham as mesmas atitudes que seus pais em relação a tudo. Ocorre que muitas outras influências se apresentam à medida que a criança cresce. Aprendemos atitudes com nossos amigos, escola, igreja, etc.

As influências culturais na formação de atitudes são múltiplas, constantes e às vezes contraditórias. Grupos sociais diversos, organismos estatais e particulares, todos procuram fazer com que as pessoas passem a agir da forma que eles propõem. Nem sempre nos damos conta dessas tentativas de influência, assim como também não percebemos sempre as nossas próprias tentativas de mudar ou formar as atitudes dos outros.

A mudança em uma atitude tem maior ou menor probabilidade de ocorrer dependendo de seu grau de extremismo, dentre outros fatores. Uma atitude extrema, como a de ser radicalmente contra a pesquisa nuclear, tem menos chance de ser alterada do que uma atitude pouco extrema (ser moderadamente contra ou a favor).

As atitudes são mensuradas através, principalmente, de escalas de atitude, mas são usados, também, os levantamentos, a entrevista e a observação do comportamento costumeiro da pessoa.

A importância atribuída às atitudes se reflete no número de pesquisas efetuadas sobre o tema, tornando-o, provavelmente, o tópico mais estudado em Psicologia Social.

O comportamento do grupo

Certos fenômenos, como o da liderança, desempenho de papel e outros, só existem porque existe um grupo. Apenas quando as pessoas vivem em grupos é que a liderança, por exemplo, pode aparecer em forma de comportamento.

Além disso, o grupo exerce influências importantes no comportamento humano em geral, por isso é que o comportamento do grupo, em si, merece ser estudado. Este campo de estudo que investiga os fenômenos grupais é, muitas vezes, chamado de dinâmica de grupo.

Grupo, posição, status e papel

O que é um *grupo*? A plateia de um cinema, os metalúrgicos de uma cidade e as pessoas que aguardam o ônibus em uma esquina, são exemplos de grupo?

Olmsted (1970, p. 12), depois de revisar a literatura psicológica e sociológica, define grupo como "uma pluralidade de indivíduos que estão em contato uns com os outros, que se consideram mutuamente e que estão conscientes de que têm algo significativamente importante em comum". Interesses, crenças, tarefas, características pessoais e outras coisas podem ser este "algo em comum".

Observa-se, no entanto, que nem a simples existência de interesses ou atividades comuns (como "ver o filme", "trabalhar em metalurgia" ou "tomar o ônibus") e nem a vizinhança física (como na plateia do cinema ou na parada da esquina), fazem um grupo.

Para que um conjunto de pessoas possa ser chamado de grupo é preciso que atenda, ao mesmo tempo, aos três critérios: estar em contato, considerar-se mutuamente como membros de um grupo e ter algo importante em comum.

Assim, nem a plateia do cinema, nem os metalúrgicos e nem os que aguardam o ônibus constituem um grupo.

Grupo primário é aquele que, além de satisfazer os critérios de "grupo", caracteriza-se pela existência de laços afetivos íntimos e pessoais unindo seus membros. Em geral é pequeno, face a face, com comportamento interpessoal informal, espontâneo e os fins comuns não precisam, necessariamente, estar explícitos ou fora da própria convivência grupal. A família e a turma de amigos são exemplos de grupo primário.

A importância dos grupos primários reside principalmente no fato de se constituírem na fonte básica de aprendizagem de atitudes e da formação total da nossa personalidade.

Nos *grupos secundários*, as relações são mais formais e impessoais, o grupo não é um fim em si mesmo, mas um meio para que seus componentes atinjam fins externos ao grupo. No momento em que o grupo deixar de ser um instrumento útil para que estes fins sejam atingidos, ele se dissolverá. O grupo secundário pode ser pequeno ou grande.

Pode-se apontar como exemplos de grupos secundários: uma sala de aula, as pessoas que trabalham em um escritório e uma equipe de cientistas que busca a cura do câncer.

Em geral, todos nós participamos de vários grupos, alguns primários e muitos secundários.

Dentro de cada grupo ou instituição, cada membro possui uma posição, um *status* e um papel.

De maneira geral, a *posição* é definida pelo conjunto de direitos e deveres do indivíduo no grupo. Há no grupo familiar, por exemplo, a posição de pai, cujos deveres são prover o sustento da família, dar aos filhos formação geral, etc. e tem direitos como o de ser obedecido, respeitado, e outros. Ainda na família, há a posição de mãe, de filho, e outras. Em uma indústria, uma posição pode ser a de operário, outra a de chefe de seção e outra a de gerente geral. Os direitos e deveres de cada um são bastante diferentes.

Existem também posições formais, como a de diretor de uma empresa, e informais como a do operário mais antigo que, apesar de não constar em nenhum regulamento, tem direitos e deveres diferentes dos de seus colegas.

Status é um conceito bastante relacionado com o de posição, tanto que alguns autores usam-nos como sinônimos. Pode-se estabelecer uma diferença entre eles dizendo que *status* se refere mais ao valor diferencial de cada posição dentro do grupo ou instituição.

A importância atribuída a cada posição é indicada por símbolos de *status*, tanto nas sociedades mais desenvolvidas como nas primitivas e mesmo nas sociedades animais. Um escritório mais espaçoso, com ar-condicionado, em geral simboliza a maior importância atribuída à posição de diretor geral, em uma empresa. As medalhas e os galões são símbolos de *status* na hierarquia militar. A própria linguagem que usamos para nos dirigir às pessoas indica o *status* que atribuímos a elas ("Sr.", "Excelência", "você", etc.).

O conceito de *papel* é um dos mais importantes em Psicologia Social e está, também, relacionado aos anteriores.

"Papel" pode ser entendido como o comportamento esperado da pessoa que ocupa determinada posição com determinado *status*.

O papel existe independentemente do indivíduo que o desempenha. O desempenho do papel faz muito pela relativa uniformidade e coerência da maioria dos processos sociais.

Espera-se que um pai ou um dirigente político aja de determinada maneira e, se isto não ocorrer, as pessoas que ocupam estas posições estão sujeitas aos mais variados tipos de sanções sociais. Dependendo do grau de desvio do comportamento esperado, pode receber desde "caras feias", multas, demissões do cargo, até sanções mais sérias como prisão ou pena de morte.

O conceito de papel pode ser mais facilmente compreendido se o associarmos ao papel de um ator de cinema, teatro ou TV. Cada artista tem a liberdade de introduzir algumas variações no papel que representa, mas estas variações têm um limite. O ator precisa conservar os traços essenciais do papel.

O meio social pode ser comparado com um teatro onde a "peça" a ser representada muda, quando estamos fazendo parte de um ou de outro grupo. Neste sentido, somos todos bons artistas porque passamos a "representar" papéis bem diferentes de um momento para o outro. Uma universitária, por exemplo, assume o papel de aluna na sala de aula (senta, escreve, pergunta), ao chegar em casa, passa a desempenhar o papel de mãe (prepara o almoço, atende aos filhos) e ao chegar no escritório onde trabalha passa a desempenhar o papel de secretária-executiva (decide, dá ordens, controla o trabalho dos demais).

É frequente o conflito de papéis, como no exemplo acima, onde em uma determinada atividade se espera da pessoa comportamentos submissos, dependentes e servis e, noutro, a pessoa deve ser autoritária, decidida e independente.

O conceito de papel é importante para se compreender o comportamento, porque todos nós temos tendência para corresponder às expectativas dos outros a nosso respeito (mesmo às negativas). Assim sendo, conhecendo-se o papel que será desempenhado por uma pessoa, pode-se, até certo ponto, prever e compreender o seu comportamento.

Além disso, papéis que desempenhamos por longos períodos de tempo deixam sua "marca" em nossa personalidade. As pessoas que estiveram em cargos de chefia por muitos anos tendem a adotar comportamentos autoritários, mesmo em outros grupos ou outros trabalhos.

Um estudo interessante em Psicologia Social é sobre os papéis sexuais. As diferenças biológicas entre os sexos são genéticas, mas parece que os papéis adequados para cada sexo são ditados pela sociedade. Assim espera-se que o menino seja mais ativo, independente e dominador do que a menina. É natural, pois, que, correspondendo às expectativas sociais, no nosso meio, as mulheres se tornem mais passivas, submissas e dependentes.

Comparações entre culturas ou épocas diferentes mostram que os papéis sexuais são arbitrários e o comportamento julgado adequado para cada sexo é bastante diferente.

Liderança

De maneira geral, entende-se por liderança a influência que certos membros de um grupo exercem sobre os demais.

Durante muito tempo tratou-se a liderança como uma característica individual e, por isso, um debate interessante era a questão da liderança inata X aprendida.

Hoje esta questão não tem mais sentido, já que ninguém é líder, mas apenas *atua* como líder em determinadas situações. Em outras palavras, só existe um líder, se existir um grupo e uma pessoa será líder de um grupo, apenas enquanto o grupo assim o quiser enquanto ela auxiliar o grupo a atingir os seus objetivos.

Hoje entende-se a liderança como *emergencial*, isto é, o líder surge de dentro do grupo e como *situacional*, isto é, alguém pode ser escolhido líder para um tipo de tarefa grupal e não para outro.

Algumas características de personalidade, no entanto, tornam mais provável que um indivíduo seja escolhido como líder em grande número de situações. É o caso, por exemplo, de um indivíduo ativo e o nível de atividade tem muito a ver com hereditariedade.

No entanto, muitas vezes a palavra liderança é usada com o sentido de "chefia". Quando uma pessoa é designada "de cima" para coordenar as atividades de um grupo ou instituição, fala-se de liderança *formal*, em contraste com a liderança *informal*, exercida pela pessoa com grande influência sobre os membros do grupo sem ter sido formalmente designada para isso.

Muitos estudos já puderam constatar a importância da liderança informal e os conflitos que podem surgir quando os dois tipos de líderes atuam para objetivos opostos.

Um conhecido estudo sobre liderança (LIPPIT & WHITE, 1943) buscou investigar sobre estilos de liderança e usou como sujeitos meninos de 10 a 11 anos, durante um acampamento de verão. Foram treinados líderes adultos para dirigir grupos de meninos.

Deste estudo surgiram as denominações e a caracterização da liderança autocrática, *laissez-faire* e democrática.

O líder autocrático é aquele que determina toda a atividade do grupo, é o que acredita que, pelo simples fato de ser investido de autoridade, todos lhe obedecerão, independentemente da justiça ou injustiça, acerto ou desacerto, viabilidade ou não de suas determinações. Neste contexto, as relações interpessoais sofrem palpável deterioração. Os subordinados manifestam revolta, hostilidade, retração, resistência passiva ainda que veladamente. O absenteísmo é outra consequência comum num grupo assim liderado.

O líder *laissez-faire* é o que faculta ao grupo completa liberdade de ação e, na verdade, não atua como líder. Este tipo de liderança é fonte de atritos e desorganização, anarquia, balbúrdia; a produção costuma ser muito baixa.

O líder *democrático* é o que dirige um grupo social qualquer com o apoio e colaboração espontânea e consciente de seus membros componentes, interpretando e sintetizando o pensamento e os anseios do grupo. As pessoas lideradas democraticamente integram-se no trabalho livremente, com otimismo, confiança e o rendimento é, em geral, elevado.

Apesar da liderança democrática ser o tipo ideal de liderança na maioria das situações grupais, isto não é sempre verdade.

Em situações em que o grupo precisa efetuar uma tarefa com urgência, ou em que as tarefas sejam manuais e rotineiras, é provável que a liderança autocrática consiga maior produtividade.

Quando o grupo é composto de pessoas altamente responsáveis e a tarefa for essencialmente criativa (como a de uma equipe de cientistas ou artistas), a liderança *laissez-faire* pode ser a mais indicada.

Nas situações reais, o que se verifica é a inexistência de tipos puros de líderes, parece mais comum que os chefes sejam uma composição de tipos.

Questões

1. Por que é importante o estudo das influências sociais para se compreender o comportamento?
2. O que estuda a Psicologia Social?
3. O que é "interação social"? E "comportamento interpessoal"? Exemplificar a resposta.
4. Por que alguns estudiosos consideram toda a Psicologia como Psicologia Social?
5. Como se costuma dividir os estudos da Psicologia Social? Explicar a resposta.
6. O que se entende por "socialização"? Dar exemplos que envolvem a cultura e a família como agente socializantes.
7. O que é "percepção social"? E "primeira impressão"? Qual a importância destes conceitos na compreensão do comportamento?
8. Explicar o que é "atitude" e oferecer exemplos que destaquem os componentes da atitude.
9. Atitude é sinônimo de comportamento? Por quê?
10. Quais são os objetos a respeito dos quais não temos atitudes? Exemplificar a resposta.
11. Onde e como, principalmente, adquirimos nossas atitudes mais básicas?
12. As atitudes podem ser mudadas? Explicar a resposta.
13. Por que é tão importante a compreensão do tópico "atitudes" para se entender o comportamento?
14. O que se entende, em Psicologia, por "grupo", "grupo primário e secundário", "posição", *status* e "papel"? Ilustrar a resposta com exemplos.
15. Explicar o que é e como se desenvolve o papel sexual.
16. Justificar a importância atribuída ao conceito de "papel" em Psicologia.
17. O que é "liderança"? O que significa liderança "emergencial" e "situacional"?
18. Qual a diferença entre os conceitos de líder formal e informal?
19. Caracterizar liderança autocrática, *laissez-faire* e democrática e descrever as consequências de cada estilo de liderança sobre as relações interpessoais e produtividade.

PARTE 2
Processos básicos do comportamento

CAPÍTULO 5
Percepção

OBJETIVOS DE APRENDIZAGEM

Depois de estudar este capítulo, você deverá ser capaz de:
- conceituar e distinguir "sensação e percepção";
- apontar os três fatores determinantes da percepção e oferecer exemplos de sua influência sobre o processo perceptivo;
- indicar e exemplificar a relação entre a percepção e as tendências inatas, maturação e aprendizagem;
- conceituar "constância perceptiva" e oferecer exemplos que envolvam os diferentes tipos de constância;
- nomear e explicar os princípios de organização perceptiva;
- posicionar-se quanto à existência ou não de correspondência entre a percepção de movimento e a ocorrência real de movimento, dando exemplos;
- apontar, explicar e exemplificar as "pistas" para a percepção de profundidade;
- conceituar "ilusões perceptuais", indicar as explicações já encontradas para o fenômeno e oferecer exemplos de ilusões perceptuais;
- explicar o que se entende por percepção "extrassensorial" e referir-se ao *status* científico deste conceito.

Sensação e percepção

Este capítulo traz a noção do ser humano como um processador de informações.

As informações do meio externo são processadas em dois níveis: os níveis da sensação e da percepção.

Apesar de ser possível diferenciá-los, sentir e perceber são, na realidade, um processo único, que é o da recepção e interpretação de informações.

A sensação é entendida como uma simples consciência dos componentes sensoriais e das dimensões da realidade (mecanismo de recepção de informações).

A percepção supõe as sensações acompanhadas dos significados que lhes atribuímos como resultado da nossa experiência anterior. Na percepção, nós relacionamos os dados sensoriais com nossas experiências anteriores, o que lhes confere significado (mecanismo de interpretação de informações).

Por exemplo: na escuridão de seu quarto, à noite, alguém vê uma sombra fracamente delineada e escura. Estas são as únicas informações fornecidas pelos sentidos; no entanto, a sombra é percebida como um familiar casaco azul, de botões dourados.

Percepção, portanto, é o termo de sentido mais amplo, que inclui o sentido do termo sensação.

Barber e Legge (1976, p. 11) definem a percepção como o "processo de recepção, seleção, aquisição, transformação e organização das informações fornecidas através dos nossos sentidos".

Determinantes da percepção

Segundo Aragão (1976, p. 54) os fatores determinantes da percepção podem ser classificados em: (1) mecanismos do percebedor, ou seja, os órgãos receptores, os nervos condutores e o cérebro; (2) as características do estímulo e (3) o estado psicológico de quem percebe.

Trataremos, aqui, apenas dos fatores (2) e (3), já que o fator (1) pode ser estudado em obras de Fisiologia, que abordam o tema com a profundidade adequada, a qual não corresponderia aos objetivos de um capítulo introdutório, como este.

Como vimos, perceber é tomar conhecimento de um objeto. Para isso, é preciso focalizar a atenção sobre ele. A atenção é uma condição essencial para que haja percepção.

Quem percebe, seleciona aspectos do meio ambiente, pois não são todos os estímulos do meio ambiente percebidos simultaneamente pela mesma pessoa.

A percepção é, assim, a seleção de estímulos por meio da atenção.

As *características do estímulo* são as condições externas ao percebedor, ou determinantes objetivos da percepção. Realmente, alguns estímulos chamam mais a nossa atenção do que outros. Há outros que nem são percebidos pelo homem. Ex.: ruídos de 20 decibéis.

Podemos citar como características do estímulo – intensidade (tendemos a selecionar os estímulos de maior intensidade, como: clarão forte, cheiro penetrante, som agudo); – tamanho (atentamos preferencialmente para os anúncios maiores); – forma (os estímulos de forma definida e contornos são mais percebidos); – cor (objetos coloridos atraem mais a atenção); – mobilidade (anúncios móveis são mais percebidos que os estacionários). A repetição ou frequência do estímulo é um outro fator de atenção e repetição. Assim, a repetição continuada resulta numa receptividade menor ao mesmo estímulo (deixar-se de ouvir o ruído de um relógio).

No entanto, a repetição também pode chamar a nossa atenção, quando o estímulo se repete apenas algumas vezes (um anúncio que aparece duas vezes em uma revista ou em um programa de TV tem maior probabilidade de chamar a atenção do que um anúncio que aparece apenas uma vez).

O *estado psicológico de quem percebe* é um fator determinante da percepção, seus motivos, emoções e expectativas fazem com que perceba, preferencialmente, certos estímulos do meio.

Quem estiver procurando uma determinada blusa vermelha em uma prateleira de uma loja tem uma disposição perceptiva temporária para peças vermelhas, que persistirá apenas até encontrar o que procura ou abandonar a busca.

Assim também, quem tem fome sente-se mais atraído por estímulos comestíveis e tende a percebê-los mais facilmente. A mesma coisa acontece com tendências relativamente permanentes, como interesses profissionais da pessoa. Ao visitar uma mesma cidade pela primeira vez, o médico, provavelmente, perceberá aspectos gerais de saúde de sua população; o sociólogo, aspectos da interação social entre seus moradores; o botânico, plantas características da localidade, etc.

Os aspectos da situação que foram percebidos por um podem passar completamente despercebidos pelo outro.

Se esperamos pela chegada de alguém, podemos "ouvi-lo" chegar várias vezes, antes que ele realmente apareça.

Em uma leitura, podemos não nos dar conta da falta de certas palavras ou da troca de letras, porque esperamos naturalmente que elas estejam certas ou presentes.

Os estímulos que despertam ansiedade, desagrado ou frustração têm, até certo grau de intensidade, menor probabilidade de serem percebidos.

Temos tendência, portanto, a perceber o mundo mais como cremos ou queremos que ele seja do que como nos informam os diferentes estímulos que chegam aos nossos órgãos dos sentidos.

Aprendizagem e percepção

Pergunta-se: a percepção é um processo inato ou aprendido?

A resposta à questão acima é que a "percepção contém sempre um componente aprendido, mas não é exclusivamente uma questão de aprendizagem" (TELFORD & SAWREY, 1973, p. 199).

Como a maioria das atividades humanas, a percepção resulta de uma interação complexa entre tendências inatas, maturação e aprendizagem.

Experiências feitas com recém-nascidos de diversas espécies de animais inferiores, como pintinhos, mostraram que eles são receptivos e capazes de discriminar formas de objetos, escolhendo, para bicar, aqueles objetos semelhantes a coisas que eles normalmente comem.

No entanto, a precisão da bicada dos pintinhos aumenta com a prática.

Estas constatações nos indicam que a resposta de bicar, dependente da percepção, tem componentes inatos e aprendidos.

Outro tipo de estudo que pode fornecer uma resposta à questão é o estudo feito com indivíduos congenitamente cegos, que, em resultado de operações, conseguem enxergar pela primeira vez.

Tais estudos mostraram que os indivíduos não puderam reconhecer formas, objetos e nem pessoas familiares com base na sua aparência visual, logo após a operação.

Em todos os casos, foi necessário um longo período de treinamento para que tais indivíduos pudessem inferir significado das suas percepções visuais.

Estas e outras observações parecem indicar que a aprendizagem perceptiva ocorre rapidamente durante um período crítico inicial, e que, se não ocorrer nesta ocasião, torna-se muito mais difícil de desenvolver posteriormente.

Assim, a percepção é um processo em que a aprendizagem desempenha um importante papel, desenvolvendo-se sobre os fundamentos das tendências inatas de resposta e da maturação.

Além disso, pode-se facilmente constatar a influência da aprendizagem na percepção, comparando-se, como o fizeram alguns estudos, as diferenças na maneira pela qual os mesmos estímulos são percebidos em diferentes sociedades.

Uma criança esquimó distingue entre numerosos tipos de neve, assim como outra criança, moradora de cidade grande, distingue numerosas marcas de automóveis. Não é provável que a primeira faça as mesmas distinções da segunda, e nem vice-versa, se forem colocadas repentinamente em meios trocados.

Parece, assim, relativamente seguro supor que as diferenças na percepção de propriedades simples de estímulos físicos fundamentam-se em diferenças de aprendizagem e de experiência anterior com esses objetos.

A constância perceptiva

Se estamos andando ao longo de uma rua, não vemos as pessoas do outro lado como anões, mas como pessoas de tamanho normal. Por que isto acontece, se a imagem retiniana daquelas pessoas é bem menor do que a imagem das pessoas que caminham ao nosso lado, na rua?

A percepção de um objeto e de suas propriedades como alguma coisa constante, apesar das variações de sensações que recebem os órgãos sensoriais, é, de maneira geral, o que se estuda sob o título: constância perceptiva.

As pessoas percebem os objetos como se eles tivessem sempre o mesmo tamanho, forma, cor, brilho, localização, etc., apesar das grandes mudanças dos dados sensoriais.

A constância de *tamanho* se refere à tendência a perceber os objetos como se eles tivessem um tamanho constante, apesar de que o tamanho da imagem retiniana se torne menor quanto mais o objeto se distancia.

A constância de tamanho parece ser um resultado da aprendizagem que se processa, em grande parte, sem que a pessoa dela se aperceba.

Aprendemos que uma bola que se afasta de nós não diminui de tamanho como diminui sua imagem na retina.

Damo-nos conta, pelo menos em parte, deste processo, quando observamos objetos familiares de posições menos comuns, como, por exemplo, automóveis vistos do alto de arranha-céus.

Quando, no entanto, houver ausência de indicações de distância, podemos ter alterada a constância de tamanho. Se, por exemplo, uma bola de vôlei for colocada em um quarto completamente escuro, e apenas a bola for iluminada, ela será percebida como tendo as dimensões conhecidas, não importando a que distância se encontra do observador; mas se for uma bola colocada à mesma distância da anterior, porém tendo dimensões bem maiores ou menores que a bola de vôlei comum, pensar-se-á que ela está bem próxima ou bem distante.

Assim, sem "pistas" para julgar a distância, variando-se o tamanho de objetos conhecidos, julgar-se-á que o que varia é a distância.

A *constância de forma* é responsável por podermos reconhecer o formato de objetos conhecidos, apesar da forma constantemente mutável da imagem retiniana.

"Vemos" uma moeda redonda, mesmo que vista lateralmente, quando sua imagem retiniana é oval. Não importando o ângulo, vemos uma porta como retangular. Na figura 5.1 a verdadeira forma da imagem retiniana da terceira porta é a de um trapézio.

Os estudos sobre as *constâncias de cor e brilho* reforçam a conclusão de que a constância não é uma resposta a indicações específicas e sim a um conjunto de relações.

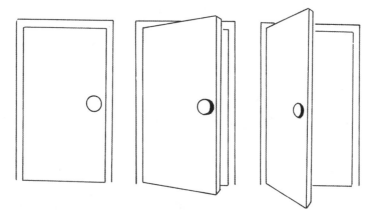

Fig. 5.1

Percebemos sempre a mesma cor nos objetos conhecidos, mesmo quando, na realidade, a cor não é perceptível. "Vemos" o telhado da casa como vermelho, mesmo numa noite escura, quando a cor é indistinguível.

Da mesma maneira, se um pedaço de carvão e uma folha branca de papel forem iluminados de forma que o papel se torne mais escuro que o carvão, sem que haja alteração na iluminação dos objetos que os rodeiam, ainda assim o carvão parecerá preto e a folha branca.

Se, no entanto, alguém olhasse para apenas uma parte destes objetos, sem poder identificá-los, não se conservaria a constância de brilho.

A *constância de localização* é que nos permite julgar estáveis os objetos no espaço, apesar de sua localização variável no campo visual.

Não percebemos as coisas rodando se viramos a cabeça.

Os estudos sobre esta constância perceptiva levam a concluir que a estabilidade dos objetos se deve, também, à aprendizagem.

Resumindo, os estudos até agora levados a efeito sobre constâncias perceptuais demonstram que a percepção não se deve, apenas, aos estímulos que nos chegam da realidade externa e nem, tampouco, à simples projeção de "algo" mental nesta realidade.

A percepção depende das relações entre os fatores do estímulo, captados pelos órgãos dos sentidos e as nossas experiências passadas com este estímulo.

Organização perceptiva

O homem é atingido, continuamente, por um número incrível de estímulos sensoriais diferentes e, apesar disto, não percebe o mundo em que vive como uma acumulação de sensações isoladas ou caóticas, mas sim organiza os estímulos e percebe-os como objetos. Uma grande imagem verde é percebida como uma montanha; um som distante é percebido como uma banda que se aproxima; uma série de sensações de pressão no braço é percebida como uma mosca, e assim por diante.

A percepção de um objeto como um todo unitário e não apenas como uma coleção de estímulos é, em parte, resultado da aprendizagem, mas também é devida a tendências inatas de organização perceptiva.

Uma tendência organizadora fundamental é a chamada *relação entre a figura e o fundo*.

A experiência perceptual complexa tende a organizar-se numa porção que se destaca, mais organizada e definida, que emerge, num dado momento, do resto do conjunto total de percepções.

A parte que se destaca denomina-se figura e a outra, o conjunto menos definido, fundo.

Assim, vemos o caderno (figura) sobre a mesa (fundo); ouvimos a voz do cantor (figura) e menos nitidamente o som dos instrumentos que o acompanham (fundo); sentimos a picada da agulha (figura) no braço (fundo).

A tendência para perceber a relação figura-fundo é comum a toda a percepção.

As figuras reversíveis têm sido usadas para mostrar a influência das experiências passadas com estímulos semelhantes e das disposições mentais do observador na determinação de qual das partes do estímulo complexo será tomada, inicialmente, como figura.

As figuras 5.2 e 5.3 são exemplos de figuras reversíveis.

É possível tomar, na figura 5.2, o retângulo menor como figura e o maior como fundo e teremos, então, um "alto-relevo".

O contrário se dará se o retângulo maior for tomado como figura.

Fig. 5.2

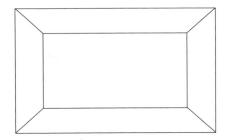

Fig. 5.3

A figura 5.3 pode ser percebida, também, de duas maneiras. Quais são elas?

Além deste, outros princípios ou tendências dirigem a atividade perceptual.

De acordo com o princípio do *agrupamento*, tendemos a perceber os estímulos agrupados, segundo algum critério. A *proximidade* pode ser um critério e é a proximidade que nos faz perceber 4 colunas de pontos na figura 5.4, parte *a*, em vez de 6 filas de pontos.

A semelhança dos estímulos entre si também determina seu agrupamento perceptual e na figura 5.4, parte *b*, vemos, então, linhas alternadas de pontos e cruzes ao invés de colunas pontos e cruzes alternados.

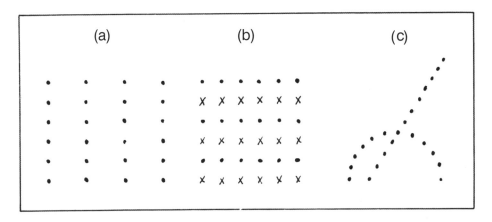

Fig. 5.4

O agrupamento pode ocorrer também por *continuidade*, como se exemplifica na figura 5.4, parte *c*. Esta tendência faz com que percebamos um semicírculo, cortado por uma linha reta. Apenas com esforço conseguiremos ver uma linha reta que de repente torna-se curva.

Pelo princípio do *fechamento*, tendemos a "preencher" as partes em falta no estímulo, a fim de perceber um todo significativo.

Na figura 5.5, "preenchemos" os espaços vazios e percebemos um quadrado e um retângulo.

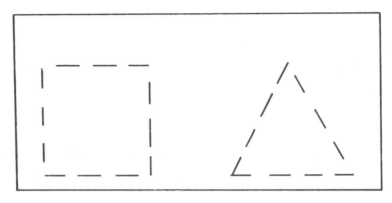

Fig. 5.5

A tendência natural do fechamento costuma ser habilmente aproveitada pela publicidade. Em alguns anúncios de TV, por exemplo, ouvimos uma pequena canção sobre um determinado produto.

Quando o anúncio já foi repetido o número suficiente de vezes para que a canção tenha sido aprendida, o publicitário "encurta" o anúncio, e apenas o início da canção é ouvido. Nós, entretanto, "completaremos" mentalmente a mensagem, participando ativamente da propaganda.

Percepção de movimento

A percepção do movimento visual não se explica apenas pelo movimento físico real do objeto no ambiente, porque a nossa percepção dos movimentos não "retrata" diretamente o movimento físico.

Isto é comprovável, porque, muitas vezes, o movimento físico real de um objeto não produz uma percepção de movimento e, outras vezes, percebido o movimento onde, realmente, não existe.

Pode ser produzido um *movimento aparente* pela sucessão rápida de imagens ligeiramente diferentes (movimento estroboscópico), tal como no cinema ou pelo acender sucessivo de duas lâmpadas, em posições diferentes, num quarto escuro (fenômeno phi).

O movimento *induzido* é o nome que se dá ao fenômeno em que um objeto em movimento "induz" ao julgamento de movimento de outro objeto, como no caso da lua que parece mover-se rapidamente atrás das nuvens (os verdadeiros objetos de movimento rápido). Outro exemplo de movimento induzido é o da pessoa que, sentada num trem, pode ter a certeza de que seu trem está se movimentando enquanto que, na verdade, é o trem ao lado que se movimenta.

O efeito *autocinético* é outro exemplo de que a percepção de movimentos não depende apenas do movimento físico. Um pequeno ponto fixo de luz, num quarto escuro, parece mover-se sem direção definida, após alguns segundos de observação.

A direção e extensão deste movimento aparente dependem de vários fatores como as expectativas do observador e o movimento dos olhos.

Pode-se afirmar, para concluir, que a percepção de movimento depende de muitos fatores, entre os quais estão, também, a aprendizagem e as expectativas do observador.

Percepção de profundidade

Para que os objetos possam ser interpretados como tendo sempre a mesma forma e tamanho (constâncias) é importante a informação sobre sua proximidade do observador.

Estas informações nos são fornecidas por algumas "pistas de distância".

Uma delas é a *perspectiva linear*. Linhas paralelas parecem convergir a uma grande distância e este princípio deve ser observado quando, em desenho, queremos transmitir a ideia de profundidade. Este fenômeno é o resultado da diminuição do tamanho da imagem retiniana do objeto quando aumenta a distância entre ele e o observador.

A *perspectiva aérea* refere-se às indicações de distância fornecidas pela atmosfera. Quanto mais distantes os objetos, menos nítidos os seus contornos e mais azulada a sua cor.

Estes efeitos se devem à presença de partículas no ar e à difração das ondas de luz pela atmosfera.

A *interposição* faz com que as coisas mais próximas apareçam na frente, cobrindo, em parte, os objetos mais distantes.

A figura 5.6 nos fornece a percepção de profundidade pela interposição, porque a casa cobre parcialmente a árvore e ambas cobrem, também em parte, as montanhas.

Fig. 5.6

O *movimento relativo* dos objetos também fornece uma indicação da distância. Assim, quando viajamos de carro, os objetos que "se movem" mais depressa são os mais próximos, enquanto que os mais distantes parecem mover-se mais devagar ou, até mesmo, se bem distantes, parecem mover-se na nossa mesma direção.

A *disparidade retiniana* refere-se à diferença das imagens recebidas pelos dois olhos. Podemos verificar facilmente que cada olho recebe uma imagem diferente, se colocarmos um livro aberto bem na direção do rosto, à curta distância, e abrirmos um olho de cada vez. O livro parecerá mudar de posição em decorrência da diferença entre as duas imagens. Quando estamos com os dois olhos abertos, vemos apenas um livro e não dois, pois as imagens se fundem numa só.

Quanto mais próximo estiver um objeto dos olhos, maior será a disparidade retiniana e esta é uma informação para se julgar a distância do objeto.

A *percepção auditiva* também pode ser um indicador da distância, apesar de ser um indicador mais fraco que a percepção visual. Quanto maior a intensidade e pureza do som, mais próximo está o objeto que o produz.

Quando há informações conflitivas entre som e imagem, as informações visuais são geralmente as predominantes.

As ilusões perceptuais

As ilusões são interpretações falsas da realidade e podem ser visuais, auditivas, táteis, gustativas, olfativas, etc. Ilusões e alucinações são fenômenos diferentes. Alucinação é uma experiência sensorial sem a existência de um objeto.

Algumas ilusões já foram aqui referidas, como o fenômeno phi e o movimento aparente.

Um grande número de ilusões nunca foi suficientemente explicado, porém algumas delas se devem à *incapacidade do observador em isolar as variáveis particulares a serem consideradas*.

É o que parece ocorrer na figura 5.7 (a e b). A tendência é julgar os círculos centrais de tamanhos diferentes por não sermos capazes de compará-los apenas entre si, sem levar em consideração o tamanho dos outros círculos que os cercam.

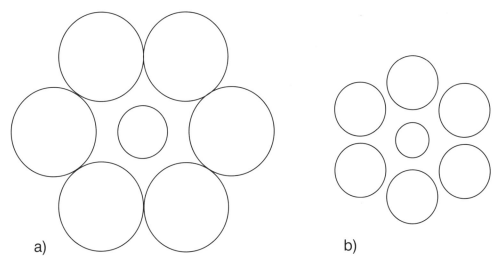

Fig. 5.7

Outras ilusões podem ser devidas ao fato de o objeto considerado ser familiar e a experiência passada com este objeto nos mostrou que existem, geralmente, certas proporções entre as dimensões. *Tendemos a "acreditar" mais na nossa experiência anterior* do que nas informações fornecidas pelos sentidos.

Na figura 5.8, tendemos a perceber a cartola mais alta do que larga (apesar da medida da altura ser igual à medida da largura da aba), como nos informaram nossas experiências anteriores com cartolas.

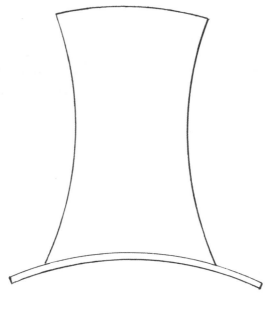

Fig. 5.8

Na figura 5.9, duas diagonais iguais em um paralelogramo, dividido em duas partes desiguais, parecerão visualmente uma maior que a outra.

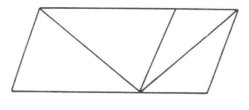

Fig. 5.9

Na figura 5.10 a e b, linhas horizontais, cruzadas por um conjunto de linhas oblíquas, parecem se curvar para cima ou para baixo, no lugar onde passam as linhas oblíquas.

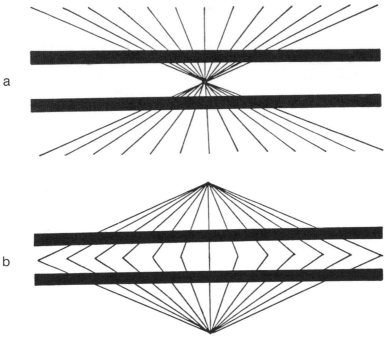

Fig. 5.10

Algumas ilusões são causadas pelas *motivações, expectativas, emoções, etc., do percebedor*. Assim, em condição de medo, uma peça de roupa no varal pode ser interpretada como um fantasma, ou o ruído de uma porta rangendo pode ser "a indicação" da presença de um ladrão.

Uma percepção ilusória que até hoje não recebeu explicação definitiva é o fenômeno da "ilusão da lua". Quando a lua está perto da linha do horizonte, parece ser muito maior do que quando no "alto do céu". Algumas explicações atribuíram o fenômeno ao movimento dos olhos do observador, outras à avaliação da distância pela presença da paisagem entre o observador e a lua, e outras ainda ao fundo contrastante da linha do horizonte.

Acredita-se, hoje, que a ilusão seja um produto de, talvez, todos estes fatores em interação.

A respeito de ilusões perceptuais, ressaltamos as palavras de Telford e Sawrey (1973, p. 196):

"Se as ilusões consistem em experimentar o mundo como coisa diferente do que "realmente é", nesse caso todas as experiências perceptivas são parcialmente ilusórias. Dissemos reiteradas vezes que a percepção envolve sempre a transformação da entrada sensorial pelas lembranças internamente armazenadas de experiências anteriores, com configurações semelhantes de estimulação".

Percepção extrassensorial

Entende-se por percepção extrassensorial (ESP em inglês) a percepção de um objeto ou fato sem a utilização dos sentidos conhecidos.

Dentre os psicólogos, existem aqueles que afirmam não existir, ainda, provas satisfatórias da existência do fenômeno e também os que afirmam dedicar-se ao seu estudo.

A ESP inclui a *telepatia* (perceber os pensamentos de outra pessoa sem comunicá-los através dos canais sensoriais comuns), a *premonição* (conhecimento dos pensamentos futuros de uma pessoa ou o de acontecimentos futuros), a *clarividência* (conhecimento de fatos ocorridos noutro tempo e local), a *psicocinese* (capacidade de influenciar um objeto físico pelo poder mental).

Os estudos rigorosamente científicos sobre estes fenômenos ainda não têm revelado conclusões importantes, mas estão sendo realizados e dever-se-á ter, um futuro próximo, dados mais conclusivos sobre o tema.

Questões

1. Qual a importância do estudo da sensação e percepção para se compreender melhor o comportamento humano?
2. Apontar a diferença que se costuma estabelecer entre os conceitos de sensação e percepção.
3. Qual a relação existente entre percepção e atenção?
4. Demonstrar, através de exemplos, que as características do estímulo e o estado psicológico do percebedor exercem influência sobre a percepção.
5. A aprendizagem tem influência sobre a percepção? Ilustrar a resposta com um exemplo.
6. O que se entende por constância perceptiva? Dar um exemplo. Qual a explicação mais aceita para esse fenômeno?
7. Explicar os princípios de organização perceptual.
8. Demonstrar, através de um exemplo, que a percepção de movimento não corresponde, necessariamente, ao movimento físico real.
9. Nomear três "pistas" de percepção de profundidade, explicá-las brevemente e dar exemplos.
10. O que são ilusões perceptuais? Ilustrar a resposta com um exemplo e apontar as explicações já encontradas para este fenômeno.
11. O que se entende por percepção "extrassensorial"? A ciência já constatou a existência deste tipo de percepção?

CAPÍTULO 6
Motivação

OBJETIVOS DE APRENDIZAGEM

Depois de estudar este capítulo, você deverá ser capaz de:
- mostrar a importância da compreensão do processo de motivação para a Psicologia;
- conceituar e distinguir motivo, incentivo (positivo e negativo), impulso e necessidade;
- apontar as características principais de um comportamento motivado e dar exemplos;
- estabelecer relação entre motivos e aprendizagem;
- relacionar motivos e comportamentos;
- classificar os motivos e caracterizar cada uma das classes de motivos, exemplificando;
- relacionar os motivos cíclicos de sobrevivência com os mecanismos homeostáticos;
- apontar o modelo teórico básico de explicação para o processo de motivação adotado por cada uma das teorias da motivação estudadas.

Introdução

O estudo da motivação representa a busca de explicações para o próprio objeto da Psicologia: o comportamento humano.

Por que as pessoas se comportam desta ou daquela maneira?

A busca das razões está apenas no seu início; não existe, ainda, uma compreensão completa deste tema tão empolgante. Vamos procurar, neste capítulo, expor brevemente as principais descobertas da Psicologia neste campo.

Motivação não é algo que possa ser diretamente observado; inferimos a existência de motivação observando o comportamento.

Um *comportamento motivado* se caracteriza pela energia relativamente forte nele dispendida e por estar dirigido para um *objetivo* ou *meta*.

Um homem anda rapidamente pelas ruas, na busca persistente de uma farmácia, um jovem vai para a universidade para ser médico, um delinquente assalta um cidadão, um rapaz convida uma moça para sair. Estas pessoas estão nos fornecendo exemplos de comportamento motivado.

Motivo pode ser definido como "uma condição interna relativamente duradoura que leva o indivíduo ou que o predispõe a persistir em um comportamento orientado para um objetivo, possibilitando a transformação ou a permanência da situação" (SAWREY & TELFORD, 1976, p. 18). A fome, a sede, a curiosidade, a necessidade de realização são exemplos de motivos.

Muitas palavras são comumente usadas como sinônimos de motivo, embora signifiquem coisas diferentes. É o que acontece com as palavras: incentivo e impulso.

Incentivo é um objeto, condição ou significação externa para o qual o comportamento se dirige. Pode-se distinguir entre incentivo *positivo*, aquele na direção do qual o comportamento se dirige (como o alimento, o dinheiro, o sucesso), e incentivo *negativo*, do qual o indivíduo procura afastar-se ou que é ativamente evitado (como o ferimento, o isolamento social).

Alguns autores usam o termo "objetivo" com o sentido aqui atribuído a "incentivo".

Impulso é considerado a força que põe o organismo em movimento. É entendido como a consequência de uma necessidade. A fome, por exemplo, é um impulso, consequência da necessidade de alimento. O impulso é a fonte de energia dos motivos de sobrevivência. Difere de motivo porque não dá direção definida ao comportamento, é apenas seu ativador.

O termo impulso aparece mais frequentemente quando os autores se referem a motivos fisiológicos como a fome e a sede.

Quando se trata de motivos mais complexos, como o de realização, prestígio, etc., comumente se emprega o termo necessidade.

Alguns motivos, como a fome, a sede, etc., são considerados *não-aprendidos*, isto é, "naturais na espécie". Estão presentes no nascimento ou surgem por efeito da maturação. Apesar de serem independentes da aprendizagem para seu aparecimento, sabe-se que podem ser influenciados, pelo menos em parte, por ela.

Outros motivos são basicamente *aprendidos*. Aprendemos, por exemplo, a desejar a aprovação social, a valorizar e almejar o dinheiro. Estes estímulos adquiriram o valor de incentivos porque foram associados à satisfação de necessidades básicas (comer, vestir, etc.). Pode-se observar a grande participação da aprendizagem em motivos como a necessidade de realização, por exemplo, apesar de ser difícil afirmar que motivos como esse sejam exclusivamente aprendidos.

A identificação de um motivo auxilia na compreensão do comportamento humano porque pode explicar, simultaneamente, várias atividades. Por exemplo, o chamado motivo de afiliação pode levar um mesmo indivíduo a participar de um grupo esportivo, de um clube de pais e mestres e de um movimento político.

Também é necessário considerar que um mesmo comportamento pode ser resultado de vários motivos atuando ao mesmo tempo. Assim, ao procurar desempenhar-se bem no exercício da profissão, alguém pode estar motivado pela necessidade de realização e de prestígio simultaneamente.

Como se sabe, há muitos outros fatores, além dos motivos, que influem sobre o comportamento, como a percepção, as emoções, a aprendizagem, etc. Além disso, os motivos humanos muitas vezes são inconscientes e, nesse caso, a pessoa não sabe qual o motivo real ou qual o seu objetivo. Pode dar boas razões para o seu comportamento, mas que talvez sejam falsas.

Por isso tudo, não é razoável procurar explicar a complexidade e totalidade do comportamento humano apenas em termos de motivos.

Classificação de motivos

Uma maneira útil de se estudar os motivos consiste em agrupá-los a partir de algum critério.

Algumas classificações apresentam os motivos em três categorias (ARAGÃO, 1976, p. 70, EDWARDS, 1973, p. 71):

– motivos relacionados com as necessidades fisiológicas ou motivos de sobrevivência;

– motivos relacionados com a interação com outras pessoas ou motivos sociais;

– motivos relacionados com a competência ou o EU ou, simplesmente, motivos do EU.

Claro está que toda e qualquer classificação de motivos não é exaustiva (provavelmente muitos outros motivos serão ainda estabelecidos pela investigação psicológica) e nem possui limites claros (nem sempre é possível estabelecer qual o motivo responsável por determinado comportamento).

O objetivo de se apresentar, aqui, uma classificação é apenas o de auxiliar na compreensão do processo motivacional humano.

O quadro que segue procura mostrar os motivos tratados neste capítulo, dentro da classificação utilizada.

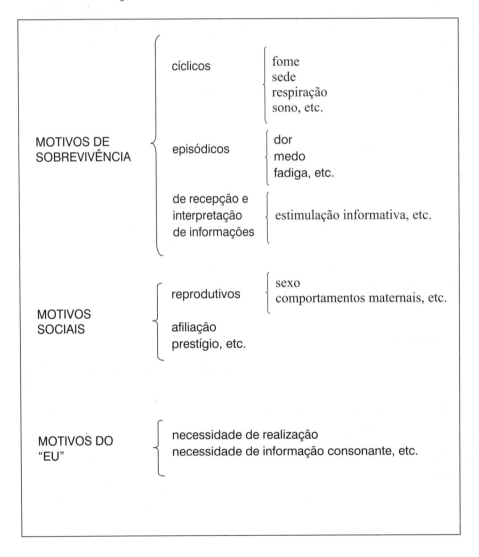

Motivos de sobrevivência

Os *motivos de sobrevivência* são os que se baseiam nas necessidades fisiológicas ou quaisquer condições que afetem diretamente a sobrevivência do indivíduo.

Entre estes motivos estão: (a) os que se manifestam *periodicamente* ou *ciclicamente*, como a fome, a sede, a respiração, o sono, a eliminação; (b) os motivos que aparecem apenas se uma *condição especial de estímulo surge*, como a dor, o medo, a fadiga; e (c) os motivos ligados à *recepção e interpretação de informações do meio*.

Motivos de sobrevivência cíclicos

Fome

A fome é a condição do indivíduo privado de alimento. Existem diferentes graus de fome que podem ser medidos experimentalmente pelo tempo de privação do alimento, pela energia do comportamento adotado para satisfazer a necessidade e pela quantidade de alimento ingerido ao final do tempo de privação.

A fome é, também, uma experiência consciente que se constitui em uma sensação de dor moderada no estômago e uma sensação geral de perda de vigor.

A origem da sensação de fome está, provavelmente, na combinação de vários fatores como: as contrações gástricas, o valor apreendido dos alimentos e os mecanismos controladores localizados no cérebro.

A parte mais importante do cérebro, na regulação da fome, é o hipotálamo, onde já foram identificados dois centros: o da alimentação e o da saciedade. Eles são influenciados pelas condições do sangue que é levado até eles. O primeiro, quando ativado, produz fome e o segundo provoca uma parada na alimentação, o organismo já se alimentou o suficiente.

Tem-se comprovado, também, a existência da fome específica, isto é, a busca ou a preferência por certas substâncias como sal, açúcar ou certas vitaminas das quais o organismo está carente.

Todos conhecemos estórias relativas às viagens que certos animais fazem em busca de sal ou de certas ervas; estórias estranhas sobre certas preferências alimentícias de mulheres grávidas e se sabe de crianças que chegaram a comer terra ou papel.

Experiências com animais e seres humanos mostram que, sendo possível, eles equilibram a sua dieta, tornando-a apropriada.

Outros estudos, entretanto, provam que a autosseleção de alimento não leva inevitavelmente a uma dieta saudável. Isto é, nem todas as necessidades alimentares resultam em fome específica. As preferências apreendidas por certos alimentos superam, muitas vezes, as necessidades fisiológicas. O papel da aprendizagem no comportamento de comer pode ser exemplificado. Muitas pessoas aprenderam, quando crianças, no relacionamento com os pais, que comer reduz a ansiedade e, quando adultos, tendem a reduzir a ansiedade comendo. Outro exemplo seria o das pessoas que insistem em comer coisas que comprovadamente são prejudiciais à sua saúde, provando que o prazer aprendido de comer supera a satisfação sadia de suas necessidades fisiológicas.

Sede

A sede é a condição de uma pessoa necessitada de água. A sede provoca uma sensação de secura na boca e garganta, mas não parece ser apenas esta sensação que produz a ingestão de água e sim, também, a ação de mecanismos reguladores com centro no cérebro. A sede é entendida, por alguns autores, como uma fome específica. Antes de tudo, o beber se efetua se há privação de água, mas também influem a experiência, as características dos líquidos oferecidos e os fatores sociais.

Respiração

A necessidade de ar é uma necessidade da qual só nos damos conta ocasionalmente porque não estamos frequentemente experimentando sua carência como costuma acontecer com relação ao alimento, à água ou ao sono.

A necessidade de ar é interpretada, comumente, como uma necessidade de oxigênio. No entanto, a pessoa pode ser privada de oxigênio sem que isto a faça tomar consciência da privação.

Este é um perigo com o qual pode defrontar-se o aviador em grandes altitudes, onde o oxigênio disponível é reduzido. O aviador pode dar-se conta desta falta quando sua capacidade física não lhe permite mais tornar as providências necessárias.

O impulso para respirar está ligado, não à falta de oxigênio, mas ao excesso de dióxido de carbono na corrente sanguínea, que provoca a sensação de "sufocação" e o ar é exigido para eliminar este excesso.

Respirando-se por tempo suficiente numa peça de ar não renovável, o dióxido de carbono se acumulará na peça e no sangue, resultando um mal-estar e uma aceleração do ato de respirar.

O controle fisiológico da respiração localiza-se na região medular do tronco encefálico.

Mecanismos Homeostáticos

Homeostase é definido como um processo que mantém a constância do meio interno.

"No interior da pele de um homem sadio e normal a temperatura permanece a mesma, com variações de cerca de um grau, e os fluidos circulatórios mantêm uma composição marcadamente constante. Um ligeiro desvio da normalidade desencadeia a atividade de um mecanismo homeostático, que tende a restaurar a condição normal" (HEBB, 1971, p. 187).

Faz parte do mecanismo homeostático, primordialmente, a respiração, que tende a manter um nível constante de oxigênio e dióxido de carbono na corrente sanguínea.

A fome e sede também são considerados mecanismos homeostáticos por produzirem um "comportamento cujo efeito direto, por sua vez, é manter a concentração normal de certas substâncias na corrente sanguínea" (HEBB, 1971, p. 188).

Sono

O sono é um estado do organismo que pode ser traduzido como estado de atividade, receptividade e vigilância reduzidas.

Neste estado, os estímulos normalmente capazes de provocar uma resposta não o fazem. Se desejarmos despertar a pessoa adormecida, deveremos aumentar a intensidade do estímulo (chamar com voz mais alta, sacudir com maior vigor, fazer entrar mais luz no quarto, etc.).

Sabe-se, no entanto, que certos estímulos de pequena intensidade servem para despertar o adormecido, se têm um significado especial para ele (como o choro do bebê que despertará a mãe).

Há necessidade de sono, no ser humano, de, em média, 8 horas para cada período de 24 horas.

Não é fácil identificar a presença do sono já que a perda da consciência pode ser observada também quando o indivíduo não está dormindo.

A privação de sono produz uma reduzida receptividade aos estímulos e um decréscimo de eficiência no desempenho de atividades simples como, por exemplo, a fala e a escrita.

Para se recuperar "sono perdido" não é necessário dormir o mesmo número de horas que se ficou privado de sono. Mesmo após ficar muitos dias sem dormir, em geral, 11 ou 12 horas de sono bastam para recuperar o estado normal do organismo. Não se comprovou a existência de efeitos secundários sistemáticos provenientes de longos períodos de privação de sono.

Ainda que exista uma aparente semelhança entre o sono e os estados hipnóticos, estes dois estados são extremos opostos de um contínuo de sugestibilidade. Os adormecidos em sono profundo não são influenciados pela sugestão, enquanto que o comportamento do sujeito hipnotizado está muito determinado por ela.

Estudos experimentais sobre o sonho são muito recentes e não permitem, ainda, maior compreensão do processo. Sabe-se, por meio deles, que todas as pessoas sonham, em uma média de aproximadamente duas horas por noite.

Motivos de sobrevivência episódicos

Dor

A dor é considerada, também, como um impulso relacionado às necessidades básicas, porém difere das demais no sentido de que é um motivo aversivo, isto é, provoca um comportamento de fuga ou esquiva.

A estimulação dolorosa gera um forte motivo para evitar este tipo de estimulação, o organismo deve se afastar da fonte de estimulação dolorosa. Por termos experimentado a dor, somos motivados a evitar que ela se repita.

Comportamentos de evitação da dor podem ser o de ir periodicamente ao médico ou ao dentista (mesmo sem a presença da dor) ou o de manter, em casa, uma certa quantidade de analgésicos.

Medo

O medo é considerado como uma reação inerente à dor ou a outros estímulos nocivos, e os estudos a respeito indicam que o medo pode ser aprendido.

A criança pequena que experimentar dor, com certa frequência, ao tomar o seu banho (água muito quente ou maneiras de "esfregar" a criança), pode vir a sentir medo ao se deparar com estímulos relacionados ao banho (seu preparo, por exemplo).

A simples visão de um cão pode provocar medo na pessoa que já tenha tido experiências dolorosas com cães.

Fadiga

O termo fadiga é usado indistintamente para denotar um estado motivacional do organismo associado a uma necessidade de descanso (fadiga fisiológica), um tônus de sentimento negativo (fadiga subjetiva) ou qualquer decréscimo de uma resposta em continuação de um exercício prolongado ou repetido (fadiga objetiva). Também se usa muito uma quarta categoria, que denota uma fadiga a longo prazo, crônica ou clínica.

Além disso, frequentemente, o termo se combina com adjetivos que descrevem tipos de funções ou situações, como, por exemplo, fadiga mental, fadiga de combate, etc.

Fadiga é um termo aplicado a várias condições, desde um decréscimo na curva de trabalho de um só músculo, até um estado de colapso total do organismo.

É um fenômeno motivacional no sentido de que sua acumulação provoca mudanças na conduta.

Existem provas de uma série de processos metabólicos interatuantes para ocasionar a fadiga, desde mecanismos centrais neuroquímicos até a atividade neuromuscular local.

A fadiga parece ser uma condição aversiva, que o indivíduo também aprende a antecipar e evitar.

Os inúmeros estudos realizados sobre os vários tipos de fadiga indicam que ela pode ser proveniente: (a) de estados do organismo como a condição dos músculos, o tempo de sono, o descanso ou atividade, o estado de saúde e outras necessidades corporais; (b) de fatores psicológicos como o moral, o interesse na tarefa que está realizando ou no seu objetivo, o tédio, a preocupação ou as ameaças de castigo; (c) de fatores ambientais ou da situação como os níveis de iluminação, o ruído, o oxigênio e o dióxido de carbono, a temperatura, a umidade, etc.

Motivos de sobrevivência ligados à recepção e interpretação de informações

Estimulação informativa

A necessidade de receber informação é observada na criança desde muito cedo, no comportamento ativo de procurar informações no meio ambiente. O bebê, por exemplo, explora meticulosamente os objetos, com os dedos e com a boca.

O motivo de curiosidade ou a necessidade de receber estimulação informativa foi estudada experimentalmente, privando-se indivíduos normais de receber informação sensorial de qualquer tipo. Muitos sujeitos deste tipo de estudo abandonaram o experimento, antes de seu término, por não suportarem tal privação de estimulação.

Depois de dois ou três dias, começavam a ter alucinações, ficavam desorientados, quanto a tempo e espaço, perdiam a capacidade de pensar claramente. Ficavam, em suma, mais ou menos como pessoas que sofrem de certas doenças mentais.

Este tipo de experimento e outros semelhantes mostram que existe um motivo cujo incentivo é a estimulação sensorial. Mostram, além disso, que o incentivo preferido é a estimulação sensorial mutável, isto é, nós nos cansamos do mesmo conjunto de estímulos e procuramos sempre conjuntos diferentes.

Motivos sociais

Os motivos sociais são os que exigem, para sua expressão, a presença ou participação de outros indivíduos da mesma espécie. Nesta categoria se incluem os motivos de agressão, reprodutivos, afiliativos e de dominação ou prestígio.

Motivos sociais reprodutivos

Sexo

Muitas vezes entendido como um motivo reprodutivo, juntamente com o comportamento maternal, o sexo não está relacionado entre os motivos de sobrevivência por não ser essencial para a sobrevivência individual, isto é, qualquer indivíduo pode sobreviver sem satisfação sexual, apesar de ser necessário, o sexo, para a sobrevivência da espécie.

O sexo é um motivo responsável por uma ampla variedade de comportamentos.

Nos animais inferiores, o comportamento sexual é estreitamente relacionado ao controle hormonal e se apresenta de forma invariável.

Nos seres humanos isto não acontece.

Também não foi constatada a necessidade cíclica de comportamento sexual no ser humano.

O sexo talvez seja um motivador poderoso do comportamento humano por ter a influência da aprendizagem. Em culturas onde o sexo é tratado de forma banal e não suprimida, ele não é um motivo importante.

Outra observação que mostra a influência da aprendizagem na motivação sexual humana é a grande diferença existente no comportamento sexual de diferentes culturas. O que é considerado "tabu" em uma cultura, muitas vezes é prática sexual muito comum em outra.

A força do motivo sexual só se manifesta quando não estão presentes outros motivos que exigem comportamentos diferentes. Assim, o motivo sexual não prevalece sobre motivos como a fome ou outros.

Comportamentos maternais

Os comportamentos maternais podem ser entendidos como dirigidos para a reprodução da espécie. Sua denominação não indica, necessariamente, os comportamentos da mãe em relação aos filhos (apesar de ser o sentido mais comum), mas pode indicar, também, o comportamento de figuras femininas ou masculinas com o mesmo objetivo, isto é, cuidar dos membros mais jovens da espécie.

A conduta maternal nos animais foi concebida como contendo quatro atividades essenciais que dependem da espécie ou do habitat: a construção do ninho, a conduta durante o parto, a recuperação das crias (quando estas lhe são retiradas) e a ação de amamentá-las.

No entanto, nem todas as atividades ocorrem em todas as espécies de animais. As respostas das crias aos pais incluem mamar, no mamífero, e o fator contato.

Recentemente se sugeriu que estas atividades poderiam refletir uma motivação primária, independente de comer ou outros motivos.

Os estudos de Harlow, a respeito de diferentes condições de criação de macacos ("mãe de pano" e "mãe de arame"), proporcionaram importantes conclusões a respeito da necessidade de contato com a mãe ou com outros indivíduos da espécie, em um determinado período inicial da vida, para uma conduta adulta normal.

A necessidade de contato, ou de acarinhamento, mostrou-se independente da simples satisfação das necessidades alimentares.

Carecemos, ainda, de estudos profundos sobre este motivo no ser humano, porém alguns autores afirmam que esta necessidade é tanto do bebê humano (ser acarinhado) como dos pais (acarinhar) (ADCOOK, 1976, p. 36).

Nas espécies animais mais inferiores observam-se comportamentos maternais típicos, relativamente inalteráveis. Na espécie humana, entretanto, não parece existir padrões fixos de comportamento maternal. Conforme a "moda" a mãe humana alimenta seu bebê ao seio ou com mamadeira, mantém o bebê no berço ou passa grande parte do tempo com o bebê no colo.

Parece ser possível concluir, dadas as pesquisas atuais, a insuficiência de qualquer interpretação simples do que se chamou, por conveniência, conduta maternal em termos de um simples "instinto ou pulsão maternal". Um conceito simples assim não pode explicar as várias atividades distintas. Deve-se buscar, por separado, os fatores específicos responsáveis por construir o ninho, limpar, recuperar e cuidar das crias.

Os fatores que parecem estar envolvidos nas diversas condutas maternais específicas são muitos e incluem a tensão nas glândulas mamárias, fatores hormonais, temperatura, fatores nervosos, principalmente no córtex e, no ser humano, sem dúvida alguma, fatores sociais.

Outros motivos sociais

Afiliação

Entende-se por motivo de afiliação a tendência para estar com outros indivíduos semelhantes.

Esta tendência aparece mais claramente, como mostram alguns estudos, na presença do medo. Indivíduos ameaçados procuram, em geral, agregar-se.

O motivo de afiliação recebe, provavelmente, a influência da aprendizagem, já que o ser humano aprende, desde cedo, que é da presença de outros seres humanos que lhe advém a satisfação de suas necessidades.

A criança passa, assim, a gostar das pessoas, a apreciar sua companhia, a cooperar com elas, tornando-se gregária.

Sentir-se-á ansiosa quando privada da companhia de outros seres humanos e procurará estabelecer e manter boas relações afetivas com os demais.

O motivo de afiliação é o responsável por uma série de comportamentos, como, por exemplo, o fato de usarmos de cortesia nas relações sociais (para garantir o afeto dos outros).

Prestígio

O motivo de prestígio é entendido como responsável pelos comportamentos de obtenção e manutenção da aprovação, estima e reconhecimento dos outros.

A criança aprende que, para ser aceita e louvada, é preciso fazer as coisas que são apreciadas pelos outros e que esta consideração é delegada pela comparação de seu comportamento ou de suas obras com o comportamento e obras dos outros. Surge, então, a competição, tão comumente observável em nossa cultura, mesmo nas situações sociais mais triviais.

As situações ameaçadoras do *status* adquirido são criadoras de ansiedade.

Os símbolos de *status* ou prestígio, em nossa sociedade, são abundantes (o carro, o mobiliário, o bairro, medalhas, diplomas, rituais sociais, etc.) e servem para representar, socialmente, o prestígio de alguém.

As propagandas valem-se deste motivo para incrementar a venda de certos produtos.

Assim, determinado cigarro só é apreciado por "gente de classe", tal marca de automóvel "mostrará aos demais a posição conquistada pelo seu proprietário", etc.

Motivos do Eu

Os motivos do EU são os que contribuem para a defesa e revigoração da imagem que cada pessoa possui de si mesma. Encontrar-se-iam aqui a necessidade de realização e a necessidade de informação consonante, entre outros.

Motivo de realização

O motivo de realização pode ser entendido como uma necessidade de agir conforme padrões de excelência, procurando fazer o melhor possível, com desejo de sucesso.

O grau de necessidade de realização de uma pessoa é usualmente medido por um teste projetivo chamado T.A.T. (Teste de Apercepção Temática).

Um conjunto de figuras é apresentado à pessoa e se solicita que conte estórias a respeito delas.

As estórias são, depois, avaliadas quanto ao número de temas que incluem realização.

Os indivíduos diferem quanto ao grau de necessidade de realização.

Pessoas com alto motivo de realização revelam confiança em si, costumam obter boas notas (se estudantes), preferem assumir responsabilidades individuais e aceitam riscos moderados em situações que dependem de suas habilidades.

Constatou-se, também, que diferenças, no nível de ansiedade estão associadas à quantidade de motivação para a realização, isto é, pessoas com alta necessidade de realização são mais ansiosas do que as pessoas com baixa necessidades de realização.

A formação e desenvolvimento do motivo de realização parecem estar relacionados ao tipo de educação familiar recebida.

Os estudos a respeito revelaram que os pais de adultos com alta necessidade de realização exigiam mais de seus filhos, quando crianças, estimulavam sua independência, ao mesmo tempo que avaliavam favoravelmente suas realizações. Em poucas palavras, cultivavam sua autoconfiança. Os pais de pessoas com baixo motivo de realização eram restritivos, cultivando, assim, a dependência.

Necessidade de informação consonante

A necessidade de informação consonante é comum a todo o ser humano, e a presença de informação dissonante produz um motivo orientado no sentido de estabelecer a consciência ou reduzir a dissonância.

Se alguém se acredita bastante inteligente e é informado de que sua nota num exame é baixa, se encontra na presença de duas informações contraditórias e precisa resolver o conflito.

Poderá fazê-lo negando uma das condições (há engano na nota), reduzindo o valor de uma das informações dissonantes (a prova não foi bem elaborada ou não estava "bom" no dia da prova) ou, ainda, alterando a convicção original (não se julgar mais tão inteligente).

Teorias da motivação

O estudo da motivação vem se desenvolvendo rapidamente nas últimas décadas e promete ampliar consideravelmente os conhecimentos sobre o tema, para o futuro.

O estado de desenvolvimento desejável, para a ciência, seria aquele em que se encontrasse uma única teoria da motivação, que integrasse harmoniosamente todas as descobertas científicas.

Atualmente, no entanto, existem diferentes modelos teóricos de interpretação do processo motivacional.

Alguns comentários serão tecidos a respeito das principais teorias da motivação.

Teoria Behaviorista

O behaviorismo é um sistema teórico da psicologia que propõe um estudo completamente objetivo do homem, insistindo que o comportamento (*behavior*) deve ser a única fonte dos dados psicológicos.

O behaviorismo foi iniciado por John B. Watson (1878-1958) e inclui nomes importantes como o de Guthrie, Hull e Skinner.

A motivação, na teoria behaviorista, tem como ponto central o conceito de impulso, entendido como a força que impele à ação, atribuível às necessidades primárias.

Esta abordagem "vê a execução de uma resposta como se fosse exclusivamente determinada pelo hábito e o impulso. Os hábitos são as vias de acesso construídas entre o ponto de partida (estímulo) e o destino (resposta); o impulso é o combustível que possibilita a viagem" (EVANS, 1976, p. 73).

O behaviorismo considerou todo comportamento uma função do impulso (derivado de necessidades biológicas) e do hábito. O impulso leva o organismo cegamente à ação. Os hábitos são criados pela contiguidade da resposta ao reforço. A presença do reforço reduz o impulso.

As respostas aos estímulos que, no passado, foram reforçadas pela redução do impulso, voltarão a repetir-se; aquelas que não foram assim gratificadas ou que foram punidas, não se repetirão.

Muitos autores colocam que os estímulos regularmente associados a uma satisfação de impulsos adquirirão propriedades motivacionais por si mesmos, dando origem aos impulsos aprendidos.

A maior crítica que recebe esta abordagem refere-se ao fato de ignorar que, na maioria das vezes, nosso comportamento é consciente, que reagimos ao mundo externo segundo nossa interpretação dos estímulos.

Teoria cognitiva

A abordagem cognitiva da motivação se propõe a levar em consideração o que se "passa na cabeça" do organismo que se comporta. Segundo a teoria cognitiva, não há um estabelecimento automático de conexões estímulo-resposta, o indivíduo antevê consequências de seu comportamento porque adquiriu e elaborou informações nas suas experiências.

Assim, nós escolhemos, por meio da percepção, pensamento e raciocínio, os valores, as crenças, as opiniões e as expectativas que regularão a conduta para uma meta almejada.

As teorias cognitivas reconhecem que o comportamento e seu resultado dependerão tanto das escolhas conscientes do indivíduo, como dos acontecimentos do meio sobre os quais não tem controle e que atuam sobre ele.

Estas teorias acreditam que as opções feitas pelas pessoas entre alternativas de ação dependem do grau relativo que têm as forças que atuam sobre o indivíduo.

Tolman é um importante cognitivista, um dos mais célebres opositores da teoria behaviorista.

Kurt Lewin é considerado um dos precursores da abordagem cognitiva. Para ele, a motivação depende do modo como a pessoa percebe o estado de coisas que influencia o seu comportamento, e o que é percebido nem sempre corresponde à situação real.

O que o cognitivista quer negar é que o efeito dos estímulos sobre o comportamento seja automático (como quer a teoria behaviorista).

No enfoque cognitivo da motivação, pode-se situar o psicólogo americano McClelland, responsável pelos estudos do motivo de realização.

Uma vez estabelecida a importância das cognições na orientação do comportamento, estudou-se, também, o conflito entre cognições.

Os estudos sobre dissonância cognitiva (o nome mais famoso nesta área da pesquisa é o de Festinger) também podem ser enquadrados na abordagem cognitiva.

Teoria psicanalítica

A teoria psicanalítica tem, em Sigmund Freud, seu reconhecido fundador.

Freud entendia que o comportamento humano é determinado, basicamente, pela motivação, inconsciente e pelos impulsos instintivos. Portanto, a mais forte tendência de comportamento não é, necessariamente, aquela que a pessoa conscientemente decide que é melhor para ela.

Os instintos foram classificados por ele em – instintos "de vida" – os responsáveis pela autoconservação, como a fome e o sexo – e instintos "de morte" – os comportamentos destrutivos, como a agressão.

O "id", "ego" e "superego" são conceitos básicos da teoria freudiana e formam a estrutura da personalidade. O id foi entendido como um reservatório de impulsos instintivos, em busca da satisfação e completamente inconsciente. O ego seria o sistema que, entrando em contato com o mundo exterior, procuraria satisfazer as exigências instintivas do id. O superego se formaria pela internalização dos valores e atitudes sociais; seria uma espécie de "censura" interna, que aponta os atos meritórios, louvando-o, e os condenáveis, reprovando-os.

Os três sistemas entrariam, ocasionalmente, em conflito, já que as exigências do id nem sempre são vistas com bons olhos pelo superego, principalmente aquelas relacionadas com a agressão e a satisfação sexual.

A motivação do comportamento é, portanto, em boa medida, proveniente do id inconsciente e o comportamento resulta da interação, conflituosa ou não, entre os três sistemas.

Fenômenos inconscientes tais como os sonhos, lapsos e sintomas neuróticos aparentemente irracionais, podem ser interpretados como manifestações da atividade inconsciente.

Freud afirma que todas as atividades humanas podem ser analisadas de acordo com o princípio de prazer, pelo qual opera o id, prazer incluindo a satisfação inconsciente.

Uma crítica frequente à teoria psicanalítica é de que seus conceitos e postulados não são passíveis de verificação empírica, apesar de que o valor da concepção da motivação inconsciente é amplamente reconhecido.

Teoria humanista

Psicologia humanista ou teoria humanista é um termo genérico que designa uma abordagem da psicologia compartilhada por psicólogos contemporâneos que se mostram insatisfeitos com as concepções de homem, até agora fornecidas pelos estudos psicológicos científicos.

Afirmam que "o homem não é redutível à sua fisiologia, nem é um respondente mecânico ou mesmo cognitivo a estímulos, nem um campo de batalha, enfim, para impulsos sexuais e agressivos. Embora esses enfoques possam esclarecer parcialmente o comportamento humano, todos eles ignoram o que nos é dado em primeira mão: sermos pessoas e sentirmos que somos pessoas" (EVANS, 1976, p. 120).

Dentre as principais figuras do movimento humanista destacam-se Rogers e Maslow.

Questões

1. Por que é importante estudar a motivação para se compreender o comportamento?
2. O que, principalmente, caracteriza um comportamento motivado?
3. Que diferenças podem ser apontadas entre os conceitos de: motivo, incentivo, impulso e necessidade? Ilustrar a resposta com exemplos.
4. A aprendizagem exerce alguma influência no processo de motivação? Explicar a resposta.
5. Existe relação biunívoca entre motivos e comportamentos? Explicar a resposta.
6. Como costumam ser classificados os motivos? Explicar cada uma das três grandes categorias, oferecendo exemplos.
7. Como o conceito de homeostase pode auxiliar a compreender o processo cíclico dos motivos de sobrevivência?
8. Qual a explicação oferecida pelas teorias Behaviorista, Cognitiva, Psicanalítica e Humanista para o processo da motivação?

CAPÍTULO 7 Emoção

OBJETIVOS DE APRENDIZAGEM

Após estudar o presente capítulo, você deverá ser capaz de:
- conceituar emoção;
- falar sobre a importância das emoções para o nosso bem-estar pessoal;
- citar os indicadores das emoções;
- demonstrar que as emoções são inatas e aprendidas;
- dar um exemplo que mostre as diferenças individuais nas emoções;
- analisar o papel da excitação emocional sobre o desempenho;
- fazer uma crítica ao detector de mentiras;
- apontar a importância do cérebro nas emoções.

Razão ou coração?

"O amor faz o mundo girar" ...e o amor é uma emoção. Fala-se muito dele, mas sabe-se tão pouco a respeito do mesmo. Contudo, talvez esteja aí a resposta para os problemas do mundo de hoje.

Tradicionalmente as emoções foram vistas como algo indigno, impróprio e até mesmo desprezível. Não podiam ser objeto de estudo científico. O homem civilizado era aquele que controlava (eliminava) suas emoções.

Esta atitude encontra suas origens no dualismo platônico. E assim desde cedo fomos "educados" a disfarçar e não expressar nossas emoções. Esta posição levou o homem a um estado de desequilíbrio. Certamente, o comportamento humano deve ser guiado pela razão e pela emoção em conjunto. Ênfase demasiada ou exclusiva em qualquer um dos dois aspectos gera deformações na personalidade.

O homem contemporâneo perdeu muito de sua sensibilidade, particularmente em certas culturas e sociedades. Tornou-se frio e calculista, incapaz de comover-se, de sentir compaixão, de socorrer um amigo que está sendo assaltado.

A qualidade da vida humana perdeu muito com isso. As emoções dão um colorido especial ao nosso mundo.

Apesar da objetividade, frieza e calculismo, muitos já se deram conta do valor das emoções, o que deu origem a terapias e centros de treinamento, que têm por objetivo levar o homem a reconhecer, aceitar e expressar suas emoções.

O homem será mais feliz, mais realizado e psicologicamente mais sadio, à medida que souber dosar convenientemente a razão e as emoções. Não há por que temer as emoções, nem a razão. "A emoção é uma força poderosa dos problemas humanos. Está na raiz de guerras, assassinatos, conflito social e todos os tipos de outros conflitos entre pessoas. De outro lado, a emoção é o sal da vida; as coisas seriam bem monótonas sem a emoção. A alegria que temos em festas, nossa satisfação na realização de objetivos, o divertimento que conseguimos em situações engraçadas, fazem com que a vida mereça ser vivida" (MORGAN, 1977, p. 73-74).

O que é emoção?

Não é fácil conceituar emoção. Não podemos observá-la diretamente. Inferimos sua existência através do comportamento. Contudo, a maioria dos autores concorda em que as emoções são complexos estados de excitação de que participa o organismo todo. O termo emoção é usado também para significar os sentimentos e os estados afetivos em geral, mas alguns autores preferem atribuir significados diferentes aos termos emoção e sentimento. "Os estados emocionais e sentimentais formam a afetividade, um dos aspectos do comportamento humano. Por sentimento entendemos o estado afetivo brando de prazer, desprazer ou indiferença. São disposições de prazer ou desprazer em relação a um objeto, pessoa ou ideia que vem a formar os sentimentos. Distinguem-se das emoções por serem reações mais calmas e com uma experiência mais complexa, com mais elementos intelectuais" (DORIN, 1972, p. 139).

A maioria dos estudiosos admite dois aspectos em toda emoção: a experiência individual, interna e a expressão comportamental, externa. O estado de experiência ou sentimento individual, aspecto interno, somente é objeto de análise através dos relatos verbais, estimativas e julgamentos daquele que experimenta a emoção. O aspecto expressivo ou comportamental constitui a parte externa, e se manifesta através de uma série complexa de respostas motoras, respostas do sistema nervoso autônomo e respostas glandulares. É muito difícil identificar determinada emoção, a partir da exclusiva observação dos sinais externos, tais como expressão facial, postura corporal e respostas fisiológicas.

As emoções podem ser estudadas desde diferentes pontos de vista. Alguém pode interessar-se mais por aspectos de comunicação das emoções como são expressas, como são interpretadas. Outro pode concentrar seu interesse nos comportamentos desencadeados, a partir das emoções; por exemplo, pode-se estudar por que a raiva gera respostas tão diferentes como a agressão, a apatia, a fuga e a fantasia.

Manifestação das emoções

Há três indicadores que são utilizados para identificar as emoções: 1- Relatos verbais. Como já vimos é um tanto difícil identificar a emoção pela simples observação das respostas externas. Assim, nada melhor do que solicitar que a pessoa fale ou escreva a respeito do que está sentindo. 2 - Observação do comportamento. Embora uma mesma emoção possa ser acompanhada de respostas totalmente distintas e diferentes emoções possam ser expressas através de uma única resposta corporal, costuma-se observar os gestos, a postura corporal, a expressão facial e outros movimentos para identificar as emoções. 3 - Indicadores fisiológicos. Várias alterações fisiológicas e orgânicas ocorrem durante os estados de emoção. As principais são: a) a condutividade elétrica da pele que aumenta com o grau de excitação emocional do indivíduo; b) as mudanças na pressão, volume e composição do sangue e o ritmo cardíaco; c) as alterações na temperatura e exsudação cutâneas; d) a mudança nas dimensões da pupila do olho; e) a secreção alterada das glândulas salivares; f) a tensão e o tremor musculares.

Desenvolvimento emocional

São as emoções inatas ou adquiridas?

O desenvolvimento emocional começa no nascimento e mesmo antes dele. Embora haja divergências referentes a que respostas específicas estão presentes, já na ocasião do nascimento, todos aceitam que o recém-nascido apresenta reações que denotam sentimentos de prazer e desprazer.

Watson, o fundador do behaviorismo, admitia três tipos básicos de reações emocionais inatas: medo, raiva e amor. As demais desenvolver-se-iam a partir destas respostas básicas. A posição de Watson tem sido, em parte, contestada. É impossível negar a importância da aprendizagem no desenvolvimento emocional, mas a forma regular e padronizada com que certas emoções surgem em crianças de culturas e épocas tão diferentes indica a existência de uma infraestrutura orgânica responsável pelo aparecimento de reações emocionais à medida que se desenvolve e amadurece. O sistema nervoso, particularmente a sua divisão autônoma, e o sistema endócrino estão intimamente ligados às emoções.

Portanto, podemos concluir que o desenvolvimento emocional depende de aprendizagem, mas também do desenvolvimento e amadurecimento de células, tecidos, músculos e órgãos, em uma palavra, do organismo físico.

Os que enfatizam o papel da aprendizagem no desenvolvimento emocional apontam três processos de aquisição de respostas emocionais: a imitação, o condicionamento e a compreensão.

A imitação consiste na observação de um modelo e na posterior incorporação das respostas do mesmo. Ninguém deixa de reconhecer o quanto as crianças imitam seus pais ao desenvolverem as várias respostas emocionais.

O condicionamento, a ser estudado no capítulo da aprendizagem, é um poderoso meio de aquisição de respostas emocionais. Este requer a associação de um estímulo neutro com outro já capaz de provocar uma reação emocional. Realizado o condicionamento, o estímulo, que originalmente era neutro, torna-se capaz de desencadear a resposta emocional. Watson e Royner demonstraram o condicionamento emocional, produzindo um ruído súbito e estridente sempre que o menino Albert se aproximava de seu animal de estimação, um rato branco. Após alguns instantes, o menino passou a fugir do animal e, mais tarde, de outros animais e objetos que, dadas suas características, lembravam o rato branco.

As emoções podem ser adquiridas através da compreensão. As emoções podem ser geradas através da recepção e interpretação e informações, isto é, por processos racionais e lógicos. A razão nos faz compreender as consequências de determinado evento, e isto nos leva a sentir emoções.

Na vida cotidiana verifica-se que o ambiente familiar pode ensinar as crianças a serem afetuosas, amorosas ou frias, autossuficientes e distantes. O ambiente familiar e social ensinam a criança a ter autoconfiança ou a ser tímida, retraída e desconfiada.

À velha pergunta, "são as emoções inatas ou aprendidas?", não se pode dar uma resposta definitiva e radical. Há muito de inato e há muito de aprendido. O chorar não é aprendido, mas o quando, quanto e como chorar, são. Todo homem exibe comportamentos sexuais, mas ao materializar esse comportamento alguns se sentem atraídos por parceiros do sexo oposto, outros por parceiros do mesmo sexo, outros por ambos e alguns por nenhum deles. É que o padrão de nossas relações interpessoais é aprendido e assim o papel sexual. Harlow constatou isso em seus experimentos com macacos. Observou que se os macacos fossem criados em total isolamento, não eram capazes de desenvolver as respostas sexuais adequadas. Apesar de poder-se observar a presença do "instinto" sexual nesses animais adultos, a agressão e a masturbação substituíam as respostas heterossexuais.

Emoção e motivação

As palavras emoção e motivação provêm de um mesmo verbo latino, *movere*, que significa mover-se. Ambas indicam um estado de despertar do organismo. Para alguns trata-se de dimensões ou graus diferentes do mesmo fenômeno. "Convencionalmente, temos denominado emocionais os estados intensos e imediatos do despertar, e motivacionais os estados emocionais mais prolongados e dirigidos" (TELFORD & SARWEY, 1973, p. 423).

A emoção pode servir de motivador do comportamento e a motivação pode levar a comportamentos que despertem novas emoções. O ódio pode levar o homem a agredir. Após ter agredido, o mesmo homem pode sentir medo e fugir.

Tópicos referentes às emoções

As pesquisas no campo das emoções têm produzido um bom número de conclusões interessantes, sendo algumas as elencadas a seguir:

Diferenças individuais e culturais

Há grandes diferenças individuais e culturais na expressão de emoções. A maneira de expressá-las e a quantidade e qualidade de emoções expressas dependem de aprendizagem, experiência anterior e normas culturais. Entre nós, por exemplo, os homens são incentivados e não chorar.

Cada sociedade desenvolve maneiras que considera adequadas para demonstrar determinada emoção. Mesmo o choro e o riso não têm um significado universal, isto é, não significam sempre dor e alegria, respectivamente.

A palavra temperamento tem sido frequentemente usada para designar justamente as diferenças individuais na expressão das emoções. Há os que, por temperamento, são mais sensíveis e emotivos. Admite-se que haja uma predisposição emocional que perdura através dos anos e que pode ser ativada a qualquer momento.

A expressão emocional varia com a idade. Nota-se diferenças nítidas na exteriorização das emoções à medida que o indivíduo envelhece. É arriscado generalizar, mas a maioria se mostra mais controlada à medida que os anos passam. Parece também que à medida que a idade avança as pessoas tendem a expressar suas emoções mais através de verbalizações do que de reações físicas. A idade traz também uma crescente complexificação e diferenciação de emoções.

Emoção e ajustamento

As emoções ajudam as pessoas a ser mais felizes, mas também podem prejudicar a saúde física e mental. Devemos suprimir, ou dar asas a nossas emoções? Maturidade consiste em controlar as emoções e ser racional? As emoções não se constituem em válvula de escape essencial à manutenção da saúde mental?

A "civilização" e o "progresso" tendem a suprimir a exteriorização das emoções. O controle e racionalização são vistos como virtudes. Sem dúvida, certo controle emocional é necessário e saudável para crianças, jovens, adultos e velhos, mas não podemos cair no exagero de suprimir as emoções. "Não é saudável negar a expressão emocional de impulsos genuínos e naturais. Embora não se possa dar total liberdade para todo e qualquer impulso, é possível haver controle emocional sem a necessidade de negarmos a nossa emocionalidade. Quando a pessoa pode experimentar impulsos carregados de emoção sem ansiedade ou sentimento de culpa, quando ela pode atingir o apropriado equilíbrio entre a expressão e o controle, ela será então emocionalmente sadia" (HILGARD; ATKINSON; ATKINSON, 1971, p. 352).

Com certeza nossa civilização foi longe demais na supressão e repressão das emoções e os resultados não são certamente positivos. De um lado esta postura pode gerar reações radicais (não estariam as mesmas em curso?) e por outro lado ela é sempre malsucedida, deixando resíduos e sequelas, como é o caso das doenças psicossomáticas. Estados emocionais intensos e prolongados que não encontram expressão adequada causam alteração na fisiologia normal do organismo. Estas alterações provocam doenças tais como úlcera péptica, asma brônquica, alta pressão sanguínea, úlceras do cólon, artrite e outras. A estas doenças, cuja origem é psíquica, damos o nome de doenças psicossomáticas.

Emoção e desempenho

As emoções melhoram ou pioram o desempenho de determinada tarefa? Depende bastante da natureza da tarefa, mas em geral a relação entre excitação emocional e desempenho é representada por uma curva em U invertida. Em outras palavras, estamos afirmando que a excitação emocional, até um determinado grau, melhora o desempenho (um pouco de ansiedade pode ajudar num exame), além desse grau prejudica o desempenho, interferindo no funcionamento normal das faculdades intelectuais e motoras (muita ansiedade prejudica o desempenho no exame). Uma determinada dose de excitação emocional ajuda a tornar a tarefa mais significativa e interessante. Do contrário as tarefas perdem o interesse e caem na rotina.

Detector de mentiras

O detector de mentiras, inventado por Leonard Keller, em 1920, baseia-se no registro de reações fisiológicas autônomas a situações provocadoras de emoções. Enquanto alguém interroga o sujeito que é suspeito de um crime, suas reações fisiológicas são registradas através de instrumentos especiais. As perguntas que são cuidadosamente preparadas servem de estímulo que supostamente devem provocar as reações emocionais no examinando. Há dois tipos de perguntas: críticas e neutras. As perguntas neutras são as que não devem despertar emocionalmente o sujeito e, portanto, servem apenas como ponto de referência a fim de que se possa comparar essas reações com as reações às perguntas críticas. As perguntas críticas são as que, por estarem ligadas ao crime de que o sujeito é suspeito, despertam-no emocionalmente. Terminado o interrogatório e registradas todas as emoções, o operador tenta decidir se o sujeito é ou não culpado, comparando as reações do indivíduo às perguntas neutras e críticas.

As respostas autônomas registradas pelo detector de mentiras, também conhecido com o nome de polígrafo, são o ritmo de respiração, o ritmo cardíaco, a pressão sanguínea, a temperatura da pele e a RGP (resposta galvânica da pele).

O instrumento não apresenta segurança total, uma vez que há criminosos que não sentem ansiedade e culpa em relação aos crimes cometidos, escapando assim facilmente à identificação. Por outro lado, pessoas inocentes, mas nervosas e ansiosas, podem ter dificuldades em provar sua inocência. Assim, ao lado de defensores ardorosos, há os que acusam o detector de mentiras de bruxaria do século XX.

O *cérebro e as emoções*

O hipotálamo desempenha papel importante no que tange às emoções. Em 1949 o fisiologista suíço Walter Hess, prêmio nobel de medicina, constatou que estimulando certo ponto do hipotálamo de certos animais estes mostravam comportamentos agressivos. Quando se estimulava outro ponto do hipotálamo, os mesmos animais exibiam medo. James Olds e Peter Milner, em 1953, na Universidade de McGill (Canadá), descobriram no hipotálamo regiões que devidamente estimuladas causavam sensações de intenso prazer. O prazer era tão intenso que animais famintos deixavam de lado a comida para continuarem sob tal estimulação.

Em 1950, o psicólogo experimental espanhol José Delgado, após ter implantado eletrodos no cérebro de um touro bravio, mais precisamente na região denominada sistema límbico, enfrentou o animal selvagem dentro da arena, dominando totalmente os ataques do animal através de sinais enviados ao cérebro da besta por um pequeno rádio emissor portátil.

Foram feitas tentativas para aplicar as conclusões acima no controle do comportamento humano, especialmente em casos de grande agressão e violência. O neurocirurgião Vernon Mark obteve sucesso no tratamento de vários casos, porém muitas questões éticas foram levantadas e continuam pendentes.

Outra conclusão a que chegaram os estudiosos desta área é que há grandes diferenças individuais, tanto em animais como em seres humanos, quanto à atividade cerebral ligada às emoções. Há indivíduos que, com pequena estimulação, respondem em níveis de excitação emocional elevados, enquanto outros necessitam de fortes estímulos cerebrais para reagir. Há também quem afirme que homens e mulheres exibem diferentes padrões emocionais devido não só a fatores sociais e aprendidos, mas também devido a fatores biológicos diferentes.

Questões
1. Elaborar um conceito de emoção.
2. Devemos aceitar e expressar convenientemente nossas emoções ou controlá-las e eliminá-las? Por quê?
3. Como se manifestam as emoções?
4. As emoções são inatas ou aprendidas? Explicar a resposta.
5. Como podemos adquirir emoções?
6. Dar um exemplo que mostre diferenças individuais quanto às emoções.
7. Dar um exemplo que mostre diferenças culturais quanto às emoções.
8. Como a emoção atua sobre o desempenho?
9. Explique em que consiste o detector de mentiras e faça uma análise crítica do mesmo.
10. Demonstre, através de resultados de pesquisas, a importância do cérebro nas emoções.

CAPÍTULO 8
Aprendizagem

OBJETIVOS DE APRENDIZAGEM

Depois de estudar este capítulo, você deverá ser capaz de:
– argumentar a respeito da importância da aprendizagem na vida do homem;
– conceituar "aprendizagem" e explicar o conceito formulado;
– nomear, explicar e exemplificar os tipos de aprendizagem estudados.

Importância da aprendizagem

A aprendizagem é um dos temas mais estudados pela Psicologia. A razão deste interesse em investigar o processo de aprender é clara: praticamente todo o comportamento humano é aprendido.

Não devemos pensar, entretanto, que é só o ser humano que aprende. Sabe-se hoje que todas as formas mais organizadas de vida animal aprendem, mas a importância da aprendizagem é maior quanto mais evoluída a espécie.

O número de comportamentos instintivos que garante a sobrevivência é cada vez menor à medida que se ascende na escala evolutiva.

Assim, apesar dos animais mais inferiores também aprenderem, suas aprendizagens são de pequeno ou nenhum valor de sobrevivência. Esta lhe é garantida pelas reações inatas de que é dotada a espécie.

O homem é a espécie animal mais evoluída e, como tal, é a que possui o menor número de comportamentos inatos, fixos e invariáveis. Por isso, é o homem o animal mais dependente da aprendizagem para sobreviver.

Precisamos aprender praticamente tudo: vestir, comer, andar, falar, etc. A lista de reações aprendidas no ser humano é quase interminável e nela poderiam ser incluídos, como exemplos, os comportamentos de dar "bom-dia", andar de bicicleta, gostar de pudim, atitudes raciais preconceituosas, ideais de vida, etc.

Começamos a aprender antes mesmo de nascer e continuamos a fazê-lo até a morte.

É a capacidade de aprender que torna possível às gerações tirar proveito das experiências e descobertas das gerações anteriores, acrescentar sua própria contribuição e, assim, promover o progresso.

Apesar disto, é um engano pensar que a aprendizagem leva, invariavelmente, a um crescimento pessoal ou social. Não aprendemos somente os comportamentos que nos tornarão melhores, mais capazes ou mais felizes. Também aprendemos comportamentos inúteis ou prejudiciais, como fumar ou ingerir drogas.

Resumindo, afirmamos com Campos (1976, p. 8) que "a aprendizagem leva o indivíduo a viver melhor ou pior, mas indubitavelmente a viver de acordo com o que aprende".

Comportamento aprendido X comportamento instintivo

Comportamento instintivo é conhecido como aquele comportamento complexo, universal, uniforme para cada espécie, de aparecimento súbito, não requerendo treinamento ou aprendizagem prévia e tendo valor de sobrevivência.

Trata-se, pois, de um comportamento previsível pelo simples fato de se estar lidando com uma determinada espécie. Ele se distingue do comportamento reflexo porque este ocorre num grupo específico de efetores e é evocado pela estimulação de receptores específicos. São exemplos de respostas reflexas: contração da pupila pela projeção de luz sobre a retina, secreção salivar pela presença de ácido na boca, movimento de pressão da mão do recém-nascido pela estimulação da palma da mão, dentre outros.

O comportamento instintivo, por outro lado, não depende, em geral, de receptores específicos e promove a ação de grande parte dos efetores de todo o organismo. São exemplos de comportamento instintivo: o comportamento maternal da rata, o tecer da teia pela aranha, a construção dos ninhos pelos pássaro, etc.

Em suma, a resposta reflexa é um processo local e o comportamento instintivo envolve o organismo no seu total.

Quanto mais baixa estiver uma espécie na escala animal, mais fixo e estereotipado é o comportamento instintivo.

Em geral, considera-se o comportamento adquirido (aprendido) como relativamente independente da hereditariedade e o comportamento não adquirido (instintivo) como livre de qualquer aprendizagem.

Esta oposição, apesar de ser útil, talvez seja rígida demais.

A hereditariedade, por si própria, não pode produzir nenhum comportamento, assim como não há aprendizagem sem as estruturas orgânicas herdadas (ver cap. 11).

No homem, é realmente difícil encontrar exemplos de comportamentos instintivos assim como foram definidos no início deste item. Os autores costumam citar o choro do recém-nascido, mas pode-se considerar alguns outros, como o medo de estranhos pelo bebê, como não aprendidos. No entanto, este último comportamento, além de não ser estereotipado em toda a espécie, é dependente de uma aprendizagem anterior. Ele só ocorre depois da criança ter aprendido a reconhecer os familiares, apesar de não requerer aprendizagens provindas de experiências desagradáveis com estranhos.

De qualquer forma, continua sendo válida a afirmação básica de que, para o ser humano, a aprendizagem desempenha um papel mais importante do que para qualquer outra espécie animal, de forma que, se o homem não tivesse a capacidade de aprender, não teria condições de sobrevivência.

Conceito de aprendizagem

Ao estudar o tema da aprendizagem, vamos nos deparar com um problema: a questão da sua definição.

No entender de Edwards (1973, p. 158) "é impossível uma definição precisa e abrangente de um termo tão amplamente usado quanto aprendizagem".

A verdade é que a ciência não foi capaz de responder a uma pergunta bastante simples: o que acontece no cérebro de uma pessoa quando ela aprende alguma coisa? Supõe-se que deva haver uma modificação qualquer no sistema nervoso, cuja natureza não foi esclarecida.

Assim, pela impossibilidade de observação direta, a aprendizagem é constatada e estudada indiretamente, através de seus efeitos sobre o comportamento.

Para conceituar aprendizagem, portanto, é preciso referir-se às suas consequências sobre a conduta. A aprendizagem promove *uma modificação no comportamento*. Quando alguém aprende alguma coisa, seu comportamento fica alterado em algum aspecto, mesmo que a mudança não se evidencie imediatamente.

No entanto, não é só a aprendizagem que provoca alterações na conduta. Outros fatores como a maturação, os comportamentos inatos ou simples estados temporários do organismo como lesões, ingestão de drogas, fadiga, etc., também o fazem.

Por isso, definir aprendizagem simplesmente como uma mudança no comportamento não é satisfatório.

A maioria dos estudiosos estabelece dois critérios para ajudar a discriminar as mudanças de comportamento promovidas pela aprendizagem daquelas que não o são: deverão ser (a) *relativamente duradouras* e (b) *devidas a alguma experiência ou treino anterior*.

Por "relativamente duradouras" entende-se que as mudanças não deverão ser necessariamente permanentes, mas de alguma duração. Este critério elimina as alterações devidas a lesões (como o "mancar" por ter torcido o pé), as drogas (como a reação retardada a estímulos por ingestão de tranquilizantes), a fadiga (como a eficiência diminuída pelo trabalho excessivo), ou a outros estados transitórios do organismo.

O segundo critério, "experiência ou treino anterior", elimina as mudanças no comportamento devidas à maturação ou tendências inatas de resposta, (como o voar dos pássaros ou o choro do recém-nascido), já que uma de suas características é justamente o aparecimento súbito, a falta de treinamento anterior.

A definição de Morgan (1977, p. 90) resume o que tentamos colocar até agora: "A aprendizagem é qualquer mudança relativamente permanente no comportamento, e que resulta de experiência ou prática".

Tipos de aprendizagem

É procedimento comum entre os autores propor o estudo da aprendizagem em várias categorias ou formas.

Qualquer classificação é, sem dúvida, artificial, mas serve ao propósito de facilitar a compreensão do tema.

Sawrey e Telford (1976) classificam a aprendizagem nos seguintes tipos básicos:

– condicionamento simples;
– condicionamento instrumental ou operante;
– ensaio-e-erro;
– imitação;
– discernimento ou *insight*;
– raciocínio.

A lista foi organizada em ordem crescente de complexidade e as formas mais complexas de aprendizagem podem incluir as mais simples.

Aprendizagem por condicionamento simples

Também chamada "condicionamento clássico", "associação simples", "resposta condicionada", ou "reflexo condicionado", esta forma de aprendizagem foi estudada pela primeira vez por Ivan P. Pavlov (1849-1936).

Este notável fisiologista russo estava interessado em descobrir princípios do funcionamento das glândulas salivares e usava, em suas experiências, cães. A observação de um fato singular mudou a direção do interesse do cientista. Pavlov observou que a boca do animal ficava cheia de saliva não apenas à vista e cheiro do alimento, mas também na presença de outros estímulos associados a ele, como o som de passos, fora da sala, na hora da alimentação.

Concluiu que o reflexo salivar, provocado normalmente pela presença do alimento na boca, também podia ser eliciado por outros estímulos (visuais, olfativos ou auditivos) que precediam ou acompanhavam o alimento.

Começou, então, a relacionar o alimento a outros estímulos, originalmente neutros quanto à capacidade de provocar a salivação, como a luz de uma lâmpada ou o som de uma campainha.

Verificou que, se o alimento fosse muitas vezes precedido destes estímulos, o cão passaria a salivar também na sua presença. A esta reação, Pavlov denominou "reflexo condicionado".

Os psicólogos, posteriormente, passaram a preferir a expressão "resposta condicionada", uma vez que este tipo de aprendizagem não se limita só aos comportamentos reflexos.

Esquematicamente, e usando-se como exemplo o estudo de Pavlov, a aprendizagem por condicionamento simples se dá da seguinte maneira:

Antes do condicionamento:

```
        alimento          ─────────────▶   salivação
(est. não-condicionado)   (provoca, elicia)   (resp. não-condicionada)
        ENC                                      RNC
```

Durante o condicionamento:

Apresentam-se muitas vezes os dois estímulos simultaneamente, ou o estímulo neutro imediatamente antes do ENC.

```
   ⎧  som da campainha
   ⎨     (est. neutro)
   ⎪
   ⎨  alimento      ─────────────▶   salivação
   ⎩    (ENC)                           (RNC)
```

Depois de estabelecido o condicionamento:

```
      som da campainha      ─────────────▶    salivação
(agora chamado de est. cond.)          (agora chamada de resp. cond.)
         EC                                       RC
```

Diz-se, então, que o animal aprendeu a responder a um estímulo, já que, anteriormente, este estímulo não provocava tal resposta.

Pode-se apresentar outros exemplos de aprendizagem por condicionamento. Um exemplo do cotidiano, também com cães, pode ser:

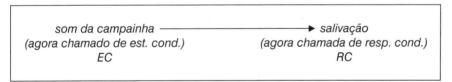

```
o cão nos vê (est. neutro)
recebe um pontapé (ENC)  ─────────────▶   foge (RNC)
```

Depois:

```
o cão nos vê (EC)  ─────────────▶   foge (RC)
```

A *extinção* de um comportamento aprendido por condicionamento simples se dá quando o EC for dissociado do ENC, isto é, quando for apresentado muitas vezes sem ser acompanhado do estímulo que provoca naturalmente a resposta. O cão de Pavlov deixou de salivar ao som da campainha, quando este som nunca mais foi acompanhado da carne.

A aprendizagem por condicionamento não ocorre apenas com animais. Muitas aprendizagens humanas se dão por este processo. Assim, como exemplo, um condicionamento de medo:

```
{ o menino vê um rato branco (est. neutro)
  ouve um ruído alto e surdo (ENC) ─────────► medo, afasta-se (RNC)
```

Depois:

```
o menino vê um rato branco (EC) ─────────► medo, afasta-se (RC)
```

Este esquema refere-se ao conhecido experimento de Watson e Rayner em 1920, com o menino chamado Albert, de 11 meses.

Albert, depois de ter aprendido a temer a simples visão do rato branco, passou a temer também outros objetos e animais peludos, até mesmo uma barba branca de homem.

Esta passagem da resposta condicionada para outros estímulos parecidos em algum aspecto com o EC original chama-se generalização da resposta condicionada.

É comum o fenômeno na vida diária. Uma criança que é mordida por um cão e por isso passa a temê-lo, provavelmente aprenderá a temer todos os cães.

Da mesma forma, a criança que recebe injeções intramusculares dolorosas por uma figura feminina vestida de branco (enfermeira) poderá adquirir aversão ou medo por pessoas vestidas de branco ou por figuras femininas ou apenas por qualquer figura feminina vestida de branco (como a professora, no primeiro dia de aula).

A associação pode se dar, também, entre o estímulo doloroso e a visão da seringa, ou a simples visão de ambulatórios.

A associação do ENC pode, então, se dar com quaisquer objetos, pessoas ou aspectos da situação presentes no momento ou imediatamente antes da apresentação do ENC e a generalização pode se estender a quaisquer objetos, pessoas, situações que tenham algo em comum com o EC.

É fácil concluir que o condicionamento é um tipo muito comum de aprendizagem.

É provavelmente o condicionamento o responsável por muitos de nossos gostos, temores, simpatias ou antipatias, aparentemente irracionais, pois o condicionamento ocorre, em grande parte, sem que o aprendiz tome consciência do processo.

A pessoa que sente um grande medo de falar em público, provavelmente, já foi vítima de uma ou várias situações em que o falar em público foi associado a um acontecimento desagradável.

A menina que teve frequentes experiências desagradáveis no relacionamento com seu pai (porque era um alcoólatra, por ex.), pode generalizar, mais tarde, sua resposta emocional de aversão a todos os homens, ou a figura de autoridade (o pai é uma figura de autoridade) ou ainda, apenas aos homens de características físicas semelhantes às de seu pai.

Pode-se perceber a importância, na vida humana, do efeito de centenas de associações incidentais, de centenas de condicionamentos e suas generalizações.

Sentimentos positivos, provenientes de uma "atmosfera geral" do lar e da escola, podem se generalizar a ponto de conceber-se as pessoas como boas e amigas, a ponto de promover a autoaceitação e o otimismo. O contrário se daria a partir de uma "atmosfera geral" promovedora de sentimentos negativos.

Aprendizagem por condicionamento operante ou instrumental

Assim como o nome de Pavlov está ligado à teoria do condicionamento clássico, o nome de B.F. Skinner, psicólogo americano, nascido em 1904, liga-se aos conhecimentos sobre o condicionamento operante.

Skinner fez, inicialmente, uma distinção entre dois tipos de comportamento: aquelas respostas eliciadas por um estímulo específico (como o RNC e RC do condicionamento simples) e aquelas que são emitidas sem a presença de estímulos conhecidos. Ao primeiro tipo de respostas, Skinner chamou "respondente" e ao segundo "operante".

O *comportamento respondente* é automaticamente provocado (eliciado) por estímulos específicos como, por ex., a contração pupilar mediante uma luz forte.

O *comportamento operante*, no entanto, não é automático, inevitável e nem determinado por estímulos específicos. Assim, caminhar pela sala, abrir uma porta, cantar uma canção, são comportamentos chamados operantes, já que não se pode estipular quais os estímulos que os causaram. É o comportamento conhecido por "voluntário", que "opera" sobre o meio, a fim de gerar consequências.

Reconhecendo que a grande maioria do comportamento humano é operante, Skinner dedicou-se ao seu estudo, procurando provar que a emissão de operantes podia ser controlada e procurando determinar quais as variáveis que determinavam a frequência da emissão.

Seus conhecidos estudos com animais (preferencialmente ratos e pombos) se realizam numa caixa apropriada, chamada "caixa de Skinner".

Nestas caixas, à prova de som, há uma alavanca numa das paredes, e abaixo um recipiente onde caem bolinhas de alimentos, se a alavanca for pressionada.

O pombo faminto é colocado na caixa e começa a dar voltas, bicando o chão, as paredes e, ocasionalmente, a alavanca.

Isto provoca o imediato aparecimento do grão de alimento, que será rapidamente comido pelo pombo.

A observação do comportamento posterior do pombo nesta experiência e em outras subsequentes constatará um aumento na frequência do comportamento de bicar a alavanca (isto é, o pombo aprendeu a pressionar a alavanca para ganhar alimento).

Skinner adotou o termo "reforço" para designar qualquer evento que aumente a frequência de um comportamento. No experimento relatado, o aparecimento do grão de alimento é o reforço para o comportamento de bicar a alavanca.

No ser humano, o "muito bem" do professor para uma resposta certa do aluno será um reforçador se isto fizer com que novas respostas corretas surjam.

O olhar de aprovação ou o assobio que uma jovem recebe, ao vestir determinada roupa, pode se constituir num reforçador para que vista mais vezes a mesma roupa ou o mesmo tipo de roupa.

O dinheiro é um reforçador eficiente para muitos comportamentos humanos.

O que caracteriza o condicionamento operante é, pois, que o reforço não ocorre simultaneamente ou precedendo a resposta (como no condicionamento clássico) mas sim aparece depois dela.

A resposta deve ser dada para que depois surja o reforço, que, por sua vez, torna mais provável nova ocorrência do comportamento. A resposta foi instrumental para que o reforço surgisse (eis a razão do nome "instrumental").

A aprendizagem não se constitui em uma substituição de estímulo (como no condicionamento clássico), mas sim em uma modificação da frequência da resposta.

A importância deste tipo de aprendizagem não recai sobre os estímulos que causaram a resposta (estes devem ter existido, mas são desconhecidos), mas sim sobre os agentes reforçados, as consequências da resposta.

Na linguagem popular, reforço é uma recompensa. Esta acepção, entretanto, pode trazer confusão quando se procura entender a teoria de Skinner.

Para ele, reforço é qualquer estímulo cuja *apresentação* ou *afastamento* aumenta a probabilidade de uma resposta.

Existem, assim, dois tipos de reforço: o reforço *positivo* e o reforço *negativo*.

Um reforço positivo é aquele estímulo cuja apresentação fortalece o comportamento (alimento, elogio, dinheiro).

Um reforço negativo é aquele estímulo cuja retirada fortalece a resposta (som desagradável, censura, choque elétrico).

A criança que, ao levantar-se, escova os dentes, terá uma sensação de frescor na boca (reforço positivo) que aumentará a probabilidade de ocorrência do comportamento de escovar os dentes.

Da mesma maneira, a criança que não escovar os dentes pela manhã poderá sentir um gosto ruim na boca (reforço negativo), cuja retirada também lhe proporcionará prazer e aumentará a frequência da resposta de escovar os dentes.

Uma vez que reforços são estímulos aversivos, o comportamento que os elimina é reforçado pela sua ausência.

Um reforçador pode ser aprendido (*reforço condicionado*) ou inato (*não-condicionado*).

O alimento é reforçador não-condicionado para qualquer animal faminto enquanto que o dinheiro só é reforçador para quem já aprendeu o seu valor.

Os reforços (positivos ou negativos, condicionados ou não) podem ser administrados segundo programas diversos. Chama-se *esquemas de reforço* a estes programas ou maneiras de organizar o reforçamento.

Quando se administra reforço sempre que a resposta desejada é emitida, o esquema é de *reforçamento contínuo*. É o que acontece quando o rato, na caixa de Skinner, recebe alimento sempre que pressiona a alavanca.

O pesquisador pode, no entanto, regular o aparelho para que ele deixe cair o alimento apenas para algumas destas respostas do rato, neste caso, algumas vezes o comportamento de pressionar a alavanca é reforçado e outra não. Trata-se, então, de um esquema de *reforçamento parcial*.

Um esquema de reforçamento parcial pode estar ligado ao tempo, de tal forma que um reforço é dado em intervalos de, por exemplo, três minutos. É o *esquema de intervalo*. Estabelecendo-se que, independentemente do número de respostas do rato, ele só obterá o alimento na primeira resposta depois de passado o tempo estipulado, estar-se-á usando um esquema de *intervalo fixo*.

É possível, também, fazer com que o rato seja reforçado num esquema de *intervalo variável*, isto é, suas respostas receberão reforço num tempo que será, em média, por exemplo, de três minutos, mas que pode ser ora de um, ora de dois ou de quatro minutos.

O esquema de reforço pode, também, estar associado ao número de respostas do sujeito. Quando o reforço é dado depois de um número X de respostas, chama-se o esquema de *esquema de razão* (por exemplo, um reforço para cada três respostas, ou numa razão de 1/3), que pode ser de *razão fixa* ou de *razão variável*.

No primeiro caso, o reforço só aparece depois do número estabelecido de respostas ter sido emitido e, no segundo, aparece depois de números variados de respostas que, em média, pode ser o mesmo do da razão fixa.

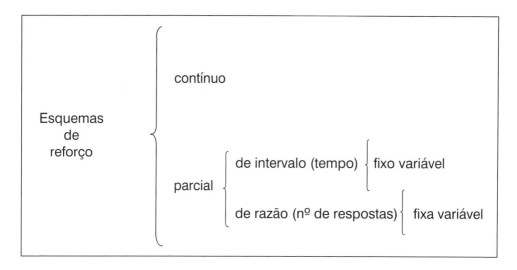

Quadro 8.1 – Tipos de esquemas de reforço

Na maioria das situações de vida real dos seres humanos, os reforços seguem esquemas parciais e não contínuos.

Seriam exemplos de esquemas de reforço: – de razão fixa: o sistema de pagamento por unidade, em uma indústria; – de intervalo fixo: o sistema de pagamento depois de um mês de trabalho; – de razão variável: o elogio da professora, pelo bom trabalho do aluno, que surge depois de um número não previsível de trabalhos bem feitos; – de intervalo variável: o telefone é atendido, do outro lado da linha, depois de um período não constante de tempo em que ficamos à espera.

O esquema de reforçamento contínuo é o que faz com que se aprenda uma resposta nova mais rapidamente, enquanto que os esquemas parciais e variáveis são os que promovem a aprendizagem mais resistente à extinção.

Extinção é outro conceito básico na teoria de Skinner.

Depois que um comportamento já foi aprendido pela associação com o reforço, como se poderia eliminá-lo? Pela supressão pura e simples do reforço. O pombo deixará de bicar a alavanca se isto não lhe trouxer mais alimento.

Os estudos sobre condicionamento operante ou instrumental vieram lançar muita luz sobre o processo de aprendizagem humana.

Sem dúvida alguma, a maioria dos nossos comportamentos visa à obtenção de um reforço. Estamos sendo, conscientemente ou não, constantemente condicionados e, ao mesmo tempo, condicionando os nossos semelhantes. E, muitas vezes, condicionamos os outros a certos comportamentos que não julgamos adequados. Um exemplo é o da mãe que, mediante a gritaria insistente do filho pequeno e, para evitar seu próprio embaraço, lhe dá o chocolate ou brinquedo que não gostaria (por alguma razão) de dar.

Esta mãe está reforçando um comportamento indesejável: o berreiro do filho quando quer alguma coisa. Na próxima vez que ele desejar algo é mais provável que use este comportamento que já foi reforçado, deixando exasperada a sua mãe.

A melhor solução para o problema seria a de, inicialmente, não reforçar tal comportamento, mas, uma vez que ele já foi aprendido, a mãe pode promover sua extinção, retirando imediatamente o reforço, isto é, recusando-se a satisfazer as exigências do seu filho mediante a gritaria. A mãe habilidosa fará com que as guloseimas fiquem condicionadas ao "bom" comportamento, isto é, sejam reforçadores de outro tipo de conduta.

A ideia central de toda a teoria de Skinner é, sem dúvida, a de que, se conhecermos os princípios do comportamento, poderemos usá-los a fim de controlá-lo de maneira mais eficiente e dirigi-lo para a consecução do bem-estar individual e social. Ele afirma que, de qualquer maneira, intencionalmente ou não, o nosso comportamento já é controlado e bem melhor seria, então, que pudéssemos fazê-lo de forma científica e para o bem.

Aprendizagem por ensaio-e-erro

Edward Lee Thorndike (1874-1949), psicólogo americano, foi quem primeiramente estudou este tipo de aprendizagem.

Seus experimentos eram feitos com animais, preferencialmente gatos.

Um gato faminto era colocado numa gaiola. Fora da gaiola, à vista do gato, ficava o alimento. O gato procurava sair da gaiola para obter o alimento, através de vários ensaios ou tentativas. Ocasionalmente, ele tocava na tranca que abria a gaiola e o alimento era alcançado. O experimento era repetido durante alguns dias e o gato ia, aos poucos, eliminando os ensaios infrutíferos para sair da gaiola, coisa que conseguia em cada vez menos tempo, até que nenhum erro mais era cometido e o gato saía da gaiola com apenas um movimento preciso: o de abrir a tranca.

O ensaio-e-erro é, portanto, um tipo de aprendizagem que se caracteriza por uma eliminação gradual dos ensaios ou tentativas que levam ao erro e à manutenção daqueles comportamentos que tiveram o efeito desejado.

Thorndike formulou, a partir de seus estudos, leis de aprendizagem, das quais destacam-se a lei do efeito e a lei do exercício.

A primeira (lei do efeito) diz simplesmente que um ato é alterado pelas suas consequências. Assim, se um comportamento tem efeitos favoráveis, é mantido; caso contrário, eliminado.

A lei do exercício afirma que a conexão entre estímulos e respostas é fortalecida pela repetição. Em outras palavras, a prática, ou exercício, permite que mais acertos e menos erros sejam cometidos como resultado de um comportamento qualquer.

Muitas aprendizagens da vida cotidiana se dão por ensaio-e-erro, principalmente as de natureza motora.

Aprender a comer com colher, a andar de bicicleta, a dançar, a pular corda, etc., são aprendizagens que envolvem o ensaio-e-erro.

Pode-se notar a semelhança existente entre este tipo de aprendizagem e o condicionamento instrumental. Alguns autores, porém, estabelecem uma diferença, afirmando que o ensaio-e-erro é mais complexo, já que envolve a intenção do aprendiz na aquisição de algum efeito específico.

Aprendizagem por imitação ou observação

Nem toda a nossa conduta é proveniente apenas de condicionamento ou ensaio-e-erro. Na realidade, muitas das nossas aprendizagens, na vida cotidiana, se fazem por observação direta da conduta de outras pessoas. Isto significa, em outras palavras, aprender pelo exemplo.

É uma forma mais rápida de aprender do que as anteriores, apesar de não excluí-las. A pessoa cuja conduta é imitada (modelo) é, em geral, um dispensador de reforços ao comportamento que se aproxima do seu. Experimentadores provaram que os modelos mais passíveis de ser imitados são os que têm poder de reforçar (como pais, professores e amigos).

Não necessariamente, porém, o reforço precisa ser dispensado diretamente ao aprendiz.

A aprendizagem observacional foi estudada através de experimentos, principalmente por Bandura e Walters.

Estes pesquisadores fizeram com que crianças assistissem a uma projeção cinematográfica em que um adulto agredia um grande boneco inflável.

Um grupo de crianças, após esta cena, observava outra, em continuação, em que o adulto era reforçado por esta conduta, através de elogios e guloseimas, recebidos de outro adulto. Este grupo foi chamado de grupo do "modelo recompensado".

Outro grupo de crianças assistia a mesma cena básica, mas com um final diferente, onde o modelo era repreendido e ameaçado pela sua conduta agressiva (grupo do "modelo punido").

Um terceiro grupo de crianças assistia somente à cena básica.

Depois da projeção, todas as crianças eram conduzidas, individualmente, a uma sala onde haviam numerosos brinquedos, e, entre eles, um boneco igual ao do filme.

O comportamento das crianças era observado e revelou-se diferente nos três grupos. A frequência de comportamentos agressivos em relação ao boneco foi maior no grupo do "modelo recompensado", menor no grupo sem recompensa e nem punição e ainda mais baixa no grupo do "modelo punido".

O estudo leva à conclusão que as crianças do "modelo recompensado" foram *indiretamente recompensadas* pelo reforço dado ao modelo, assim como as do "modelo punido" foram *indiretamente punidas* (McGURK, 1976, p. 59).

Outros estudos mostraram que a aprendizagem observacional não se limita à aquisição de agressividade. As preferências estéticas, os juízos morais e muitos outros comportamentos podem ser aprendidos pela exposição à conduta de modelos.

Fatores como a importância do modelo, seu *status* percebido, sua atratividade, etc., são significativos na aprendizagem por imitação.

Em outras palavras, a imitação é seletiva. A criança pequena imita seus pais (modelos significativos para ela) e não pessoas estranhas; a dona-de-casa imita o penteado de uma amiga de prestígio e não o da empregada; o rapazinho imita o modo de falar, andar e vestir de seu grupo de amigos e não dos amigos de seu pai, etc.

A imitação é uma maneira mais eficiente de se obter segurança, aceitação e prestígio, assim como de adquirir habilidades motoras e sociais desejadas, do que tentativas variadas sujeitas a erro.

A aprendizagem por observação, entretanto, não é, necessariamente, um processo intencional e nem se limita a situações particulares. As oportunidades de aprender por observação são abundantes.

De maneira geral, nas situações da vida cotidiana, as tendências imitativas são recompensadas e a não imitação castigada.

A criança que come o que os outros comem, provavelmente será recompensada pelo sabor e pela aprovação social; pode também verificar que andar ou patinar (condutas "copiadas") são atividades agradáveis em si, além de aplaudidas.

Se, ao contrário, houver o afastamento dos padrões sociais de comportamento, a consequência será a censura e a rejeição.

Nem sempre, é claro, se aprende, por imitação, comportamentos desejáveis. Pode-se refletir, aqui, a respeito do possível papel da televisão sobre o desenvolvimento comportamental da criança, particularmente sobre o desenvolvimento da conduta agressiva.

Aprendizagem por discernimento ou insight

O termo *insight* ou discernimento é usado para designar uma mudança repentina no desempenho, proveniente da aprendizagem. Popularmente *insight* corresponde a "estalo" e é representado nas estórias em quadrinho por uma lâmpada que se acende subitamente na cabeça de quem aprende.

A pessoa, frente a um problema, parece não fazer grande progresso, inicialmente; de repente, parece "ver" a essência da questão e seu desempenho salta de um baixo nível de adequação para uma solução completa ou quase completa do problema, sem eliminação gradual perceptível de respostas incorretas.

A História está repleta de exemplos de grandes conceitos da ciência que nasceram do *insight*. Entre os mais conhecidos estão o de Arquimedes e o seu "heureka" ao descobrir o princípio do peso específico dos corpos e o de Newton ao enunciar o princípio da gravidade.

A presença do discernimento numa situação de aprendizagem não exclui a atuação do condicionamento, do ensaio-e-erro ou imitação.

Realmente, não é possível estimar quantas aprendizagens anteriores, de nível menos complexo, estavam presentes nas conclusões repentinas dos grandes cientistas.

Um exemplo familiar de *insight* é a aprendizagem da leitura. A criança passa alguns meses examinando letras, palavras, sílabas e, de repente, "estala", isto é, descobre o princípio que relaciona vogais com consoantes, sílabas entre si, etc., e é capaz de ler qualquer material.

Um dos primeiros estudos experimentais sobre o *insight* foi realizado por Kohler, usando macacos. Um macaco era posto numa jaula e fora dela havia uma fruta, que ele não podia alcançar. No chão da jaula havia duas varas que, encaixadas, permitiriam ao animal alcançar a fruta. O macaco iniciava tentando usar ou uma ou outra vara. Depois de várias tentativas, parecia "enxergar" repentinamente a solução do problema, encaixava as duas varas e puxava a fruta para dentro da jaula.

Este e outros estudos sobre o discernimento, envolvendo outros animais e seres humanos, permitiram apontar alguns fatores facilitadores do surgimento do *insight*: – dispor-se, previamente, de todos os elementos componentes da solução; – a presença de uma motivação razoavelmente forte para solucionar o problema, porém não excessiva; – um nível de inteligência, algo favorecido.

A aprendizagem por discernimento apresenta vantagens sobre os outros tipos de aprendizagem.

Como já ficou experimentalmente estabelecido, a rapidez na aprendizagem é inversamente proporcional *ao grau de esquecimento* (TELFORD & SAWREY, 1973, p. 273). Em outras palavras, quem aprende depressa, esquece devagar.

Sendo o *insight* uma aprendizagem súbita (apesar de decorrentes de aprendizagens anteriores) é o tipo de aprendizagem que proporciona melhor retenção.

Além disso, o que se aprende por discernimento é prontamente transferido para outras situações. Tendo compreendido o princípio geral, este poderá ser usado em uma grande diversidade de problemas semelhantes.

Aprendizagem por raciocínio

O raciocínio é considerado o tipo de aprendizagem mais complexo e abstrato, envolvendo todas as demais formas de aprendizagem e dependendo delas.

"Embora seja verdadeira a afirmação de que o homem não é o único animal que faz uso da razão, ele raciocina muito mais, ele pensa em termos muito mais abstratos e os resultados de sua ideação são muito mais importantes em sua vida do que na vida dos animais" (SAWREY & TELFORD, 1976, p. 105).

O raciocínio é considerado um processo análogo ao ensaio-e-erro, mas de natureza mental, isto é, ensaiamos e erramos mentalmente, para só depois tentarmos resolver, efetivamente, os nossos problemas.

O processo de raciocinar inicia-se a partir de uma motivação, da necessidade de resolução de um problema. Segue-se uma análise para determinar em que consiste exatamente a dificuldade, e formulam-se hipóteses, sugestões para a solução.

As hipóteses são estudadas, verifica-se quais as implicações de cada uma delas. Uma delas parecerá a mais adequada, e então passará a haver a verificação da hipótese, isto é, a aplicação do procedimento escolhido para solucionar o problema.

Esta sequência é análoga à do método científico, onde a última etapa corresponderia à experimentação.

Parece ser possível um treinamento para desenvolver a habilidade de raciocinar, apesar de que o assunto não foi suficientemente investigado.

Algumas conclusões derivadas de estudos experimentais (SAWREY & TELFORD, 1976, p. 108) dão conta que:

– a memorização de informações não se constitui em empecilho, como se pensa popularmente, mas sim um requisito importante para a habilidade de raciocinar;

– experiências passadas bem-sucedidas com o ataque racional a um problema, tornam mais provável o uso do raciocínio em novas situações;

– a rigidez do pensamento é um fator que dificulta o raciocínio, ao passo que a flexibilidade facilita.

Questões
1. Por que aprender é tão importante para o ser humano?
2. Qual a distinção entre comportamento aprendido e instintivo? Comentar a respeito da validade da distinção.
3. O que se entende por "aprendizagem"? Explicar a resposta.
4. Como se processa a aprendizagem por condicionamento simples? Ilustrar a resposta com um exemplo.
5. Explicar os processos de extinção e de generalização da resposta aprendida por condicionamento clássico.

6. O que é "condicionamento operante"? Em que aspectos difere do condicionamento simples?
7. Dar exemplos de aprendizagem por condicionamento operante que ilustrem cada um dos tipos de reforços.
8. Explicar e exemplificar os esquemas de reforço.
9. Caracterizar o processo de aprendizagem por ensaio-e-erro, incluindo as leis do efeito e exercício e dar um exemplo deste tipo de aprendizagem no ser humano.
10. Comparar aprendizagem por ensaio-e-erro e por condicionamento operante em termos de semelhanças e diferenças.
11. O que caracteriza a aprendizagem por observação? Em que este tipo de aprendizagem pode ser comparado com o condicionamento operante e com o ensaio-e-erro? Dar um exemplo de aprendizagem por imitação no ser humano.
12. Como se processa a aprendizagem por *insight*? Quais os fatores que podem facilitar sua ocorrência?
13. Estabelecer um paralelo entre o processo de aprendizagem por raciocínio e as etapas da investigação científica.

CAPÍTULO 9
Inteligência

OBJETIVOS DE APRENDIZAGEM

Depois de estudar este capítulo, você deverá ser capaz de:
- explicar o que se entende, de maneira geral, em Psicologia, por inteligência;
- descrever o teste Stanford-Binet, explicar como calcular o QI através dele, e apontar as críticas que ele tem recebido;
- apontar e explicar as maneiras de expressar o QI de adultos;
- indicar os tipos de testes para medir inteligência;
- nomear e descrever os indivíduos considerados excepcionais quanto à inteligência;
- explicar a relação entre hereditariedade e meio na determinação da inteligência e apontar tipos de estudos sobre a questão;
- distinguir e descrever as diferentes teorias sobre a natureza da inteligência;
- descrever as relações entre inteligência e as variáveis: idade, sexo, raça, classe socioeconômica, êxito na escola, ocupação e criatividade.

Introdução

É comum ouvir dizer que "Fulano é inteligente" ou que "Beltrano não é inteligente". Quem faz estas afirmações talvez esteja constatando uma realidade que pode ser muito diferente em cada caso. É possível que tenha observado que o Fulano é bem-sucedido nos negócios, ou que obtém boas notas na escola, ou, ainda, que tem facilidade para falar em público, entre outras coisas.

Observa-se, então, que o conceito de inteligência não é muito claro, parece que pode significar muitas coisas diferentes para a maioria das pessoas.

Além disso, a afirmação de que alguém é inteligente ou que não é inteligente faz supor que a inteligência seja uma característica do tipo "tudo ou nada", isto é, algo que se possui ou não, sem pontos intermediários.

Estas concepções populares seriam, também, as dos psicólogos?

Conceito de inteligência

Em primeiro lugar, apesar de terem apresentado definições diferentes de inteligência, todos os psicólogos concordam que ela não é uma questão de "tudo ou nada", mas uma qualidade que todo mundo possui, em maior ou menor grau.

Mas o que eles entendem por inteligência?

As muitas definições apresentadas foram estudadas por Freeman (1976) e este estudo permitiu dividi-las em três grandes grupos.

Um deles enfatiza o ajustamento ou adaptação do indivíduo ao meio, isto é, segundo estas definições, a inteligência seria a *capacidade de resolver problemas novos*, de modo que a pessoa mais inteligente seria aquela que mais facilmente consegue mudar seu comportamento em função das exigências da situação, de conceber novas maneiras de enfrentá-la.

Um segundo grupo de definições diz que a inteligência é a *capacidade de aprender*. O indivíduo mais inteligente seria o que aprende mais e mais depressa.

O terceiro tipo de definições postula que inteligência é a *capacidade de pensar abstratamente*, isto é, de utilizar adequadamente conceitos e símbolos nas mais variadas situações, principalmente símbolos verbais e numéricos.

Estas três maneiras de conceber a inteligência, na verdade, não se excluem mutuamente. São, antes disso, aspectos de um mesmo processo.

A capacidade de aprender pode ser o ponto de partida para a adaptação ou a solução de problemas novos e a capacidade de fazer abstrações também é, em grande parte, produto da aprendizagem.

A capacidade de pensar abstratamente, por sua vez, contribui para a adaptação a situações novas e para a aprendizagem de novos aspectos e relações do meio.

Poder-se-ia conceber a inteligência, então, como uma capacidade global do indivíduo que se expressa pela sua facilidade em aprender, atuar eficientemente sobre o meio e pensar abstratamente.

Inteligência animal

Para apreciar mais adequadamente o conceito de inteligência procura-se, muitas vezes, verificá-lo nos animais. A construção do ninho pelos pássaros, o enterro dos ossos pelo cão e a construção de diques pelos castores seriam exemplos de comportamentos inteligentes?

A partir do conceito de inteligência como capacidade de aprender e de atuar eficientemente sobre o meio na busca de soluções para problemas novos, pode-se classificar muitos comportamentos animais como inteligentes (algumas condutas de macacos e cães revelam nítida aprendizagem).

A maioria das condutas animais, entretanto, tem as características do comportamento instintivo (ver cap. 8) que pode surgir sem nenhum aparente reconhecimento de sua necessidade. É o caso dos comportamentos listados na pergunta acima.

Não há dúvida, no entanto, que se pode falar em inteligência animal e que há espécies animais mais inteligentes do que outras, além de diferenças individuais entre animais de uma mesma espécie.

Mensuração da inteligência

A mensuração da inteligência, esta qualidade complexa que todas as pessoas possuem em algum grau, foi e é um tema bastante estudado pelos psicólogos que desenvolveram muitos variados instrumentos para medi-la.

Os testes, que na maioria são de lápis e papel, detectam realmente diferenças entre os indivíduos e seus resultados são, em geral, altamente correlacionados, o que faz supor que medem, mesmo, algo parecido.

Além disso, os testes de inteligência têm sido instrumentos úteis para predizer desempenho futuro e por isso são usados principalmente na seleção de pessoal e orientação vocacional.

Idade mental e QI: o Teste Stanford-Binet

O problema da mensuração da inteligência foi resolvido adequadamente, pela primeira vez, pelos psicólogos franceses Binet e Simon.

Em 1904, estes psicólogos foram encarregados pelo governo francês para auxiliarem a resolver o problema do baixo rendimento escolar, do grande número de reprovações nas escolas primárias francesas.

Binet atribuiu o problema ao fato das classes serem heterogêneas, isto é, em uma única classe havia alunos bem-dotados e pouco dotados intelectualmente. Assim, tornava-se necessário selecionar as crianças pelo grau de inteligência, para formar classes homogêneas.

Admitiu-se, também, que o simples julgamento dos professores não seria uma medida muito objetiva porque eles seriam influenciados pelas suas simpatias, preconceitos, pelos pais das crianças ou outros fatores.

Abandonando o problema da definição de inteligência, Binet perguntou-se simplesmente: "o que fazem os sujeitos brilhantes que a média não consegue fazer?"

Para responder à questão, Binet e Simon desenvolveram uma grande variedade de tarefas que enfatizavam diferentes fatores como julgamento, compreensão, raciocínio, atenção, memória e outros.

A fim de verificar a dificuldade dos itens elaborados, aplicaram-nos a 50 crianças normais cuja idade variava de 3 a 5 anos e a algumas crianças retardadas.

Foram feitas várias revisões e melhorias nesta escala nos anos seguintes e a forma final (1911) apresentou as questões por nível de idade. Assim, foram colocadas, no nível de 3 anos, todas as questões que 75% das crianças normais de 3 anos podiam responder; no nível de 4 anos, todas as questões que 75% das crianças normais de 4 anos podiam responder, e assim por diante.

Desta forma, o resultado de uma criança no teste podia ser apresentado como "*idade mental*" (IM), isto é, a idade correspondente às questões que ela podia resolver.

Uma criança de 6 anos que conseguisse resolver apenas os testes da idade de 4 anos tinha, portanto, uma idade mental de 4 anos. A criança que resolvesse os testes próprios para a sua idade e também os de idade superior à sua era considerada de inteligência superior e aquela que resolvesse apenas aqueles de sua idade, era considerada de inteligência normal.

Este teste foi traduzido para todo o mundo e despertou especial atenção nos Estados Unidos, onde foram feitas várias revisões e apareceram outras formas de teste. A mais famosa é a de Termann, da Universidade de Stanford, chamada de Stanford-Binet.

Foi Termann quem usou, pela primeira vez, o conceito de "*quociente intelectual*" (QI), atribuído ao psicólogo alemão Willian Stern.

O QI foi obtido usando-se a fórmula:

$$QI = \frac{IM \text{ (idade mental)}}{IC \text{ (idade cronológica)}} \times 100$$

Com o uso desta fórmula foi possível expressar a inteligência em termos quantitativos. A criança cuja idade mental corresponder à cronológica (na fórmula, ambas são expressas em meses) tem um QI de 100; se a IM for superior à IC, o QI será maior do que 100 ou, caso contrário, menos do que 100. Por exemplo, a criança de 6 anos, cuja idade mental é de 7 anos, tem um QI de 116.

A classificação das pessoas, segundo o QI, obedece à tabela 9.1.

QI	Classificação
Acima de 140	superdotado
de 140 a 120	inteligência muito superior
de 119 a 110	inteligência superior
de 109 a 90	inteligência normal ou média
de 89 a 80	inteligência lenta
de 79 a 70	inteligência limítrofe
Abaixo de 70	debilidade mental

Tabela 9.1 – Classificação pelo QI no Stanford-Binet

O teste Stanford-Binet é administrado por um examinador treinado a uma única pessoa por vez, numa situação face-a-face. Leva-se mais ou menos uma hora na aplicação do teste.

A revisão mais recente do teste (1960) incluiu uma modificação no cálculo do QI, agora um tipo de escore padrão, o QI de desvio, primeiramente empregado por Wechsler.

O teste Stanford-Binet, apesar de aceito e usado em muitos países, tem recebido algumas críticas. Uma delas, feita pelos psicólogos que acreditam que há muitas dimensões de inteligência, se refere ao fato do QI, sendo um resultado numérico único, não expressar adequadamente a capacidade do indivíduo.

Além disso, o teste contém predominantemente questões que requerem aptidão verbal e a criança que tem esta dimensão pouco desenvolvida, apesar de outras muito desenvolvidas, fica prejudicada no resultado.

Outra crítica aponta que os itens do teste se assemelham muito a problemas que costumam ser propostos nas salas de aula. Isto faria com que crianças de classe média e alta fossem favorecidas, já que estas estão mais familiarizadas com este tipo de questão.

QI de adultos

A utilização do conceito do QI, obtido pela razão entre IM e IC (chamado QI de razão), apresentou uma dificuldade séria: medir a inteligência dos adultos, já que a idade cronológica e a idade mental não crescem no mesmo ritmo depois da puberdade.

Foram desenvolvidas muitas modalidades que permitiram a utilização da unidade de QI para adultos.

No teste Stanford-Binet, a idade de qualquer pessoa adulta é computada, sempre, como sendo 15 anos, não importando a sua idade cronológica verdadeira. Este procedimento mostra a suposição subjacente que a pessoa atinge o máximo de desenvolvimento, quanto à inteligência, nesta idade.

Uma outra forma simples de resolver a questão é transformar os resultados brutos em resultados relativos.

É o que acontece com a expressão de um resultado em termos de *percentil*. O resultado de percentil permite dizer qual a posição da pessoa em relação à população em geral.

Depois de testada uma grande e representativa amostra da população, divide-se a distribuição total dos resultados em 100 partes, cada uma delas contendo 1% de todos os casos. Tendo sido testadas, por exemplo, 2.000 pessoas, os 20 resultados mais baixos constituem os casos do primeiro percentil. O resultado mais alto dentre estes 20 será o ponto acima do qual estão 99% de todos os casos e abaixo do qual está 1% dos casos.

Um resultado com valor de percentil 50, por exemplo, significa que a metade das 2.000 pessoas que constituíram a amostra obtiveram resultados mais altos do que este e a outra metade, mais baixos.

Expressar um resultado bruto em termos de percentil possibilita comparar o desempenho de diferentes pessoas, mas é preciso lembrar que ele se refere, sempre, ao grupo submetido ao teste. No caso da amostra não ter sido extraída da população a que pertence a pessoa ou se não é suficientemente grande ou representativa, o resultado é altamente questionável.

Outra forma de solucionar o problema do QI dos adultos foi proposta por David Wechsler (e, mais tarde, também introduzida no Stanford-Binet).

Wechsler desenvolveu um teste destinado a medir a inteligência dos adultos cujos escores são estatisticamente transformados e distribuídos numa curva normal de probabilidade. Esta curva tem uma média de 100 e um desvio padrão de 15 para todos os níveis de idade. O conceito de QI de desvio, de Wechsler, é o método atualmente aceito para medir a inteligência.

Na escala Wechsler, a pessoa que tiver um escore de dois ou mais desvios-padrão acima ou abaixo da média será denominada excepcional (QI de 130 ou mais e QI de 70 ou menos).

A figura 9.1 mostra a relação entre percentis e QI de desvio numa distribuição normal.

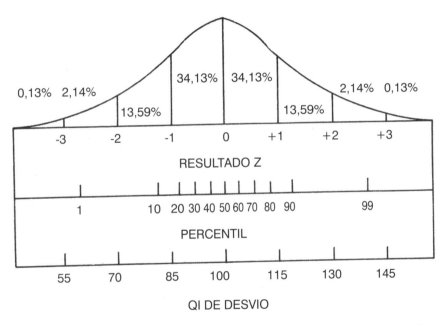

Fig. 9.1 – Relação entre percentis e QI de desvio numa distribuição normal

A principal vantagem deste tipo de QI é apresentar resultados comparáveis em todos os níveis de idade e, assim, eliminar o principal problema do QI de razão, que só tem sentido correto enquanto IM e IC aumentam no mesmo ritmo.

Tipos de testes

Tanto o Stanford-Binet quanto o Wechsler são testes individuais, mas a necessidade de medir a inteligência de grande número de pessoas fez surgir testes que pudessem ser aplicados coletivamente. Estes testes se tornaram necessários na Primeira Guerra Mundial, para testar os convocados, e nas escolas públicas, para serem aplicados às crianças.

Em geral, os testes coletivos são de lápis e papel e muitos deles são aplicáveis também a pessoas que não sabem ler.

Costuma-se chamar os testes de inteligência de testes de capacidade ou de realização e dá-se muita atenção à questão da sua validade e fidedignidade (ver cap. 2).

Indivíduos excepcionais

Chama-se de excepcional, em termos de inteligência, ao indivíduo que se localiza num dos extremos da distribuição normal, isto é, os retardados mentais de um lado e os superdotados de outro.

Convém ressaltar, entretanto, que os escores de QI são medidas imprecisas, dependentes de muitos fatores além da capacidade intelectual em si, não existindo, por isso, uma distinção nítida real entre, por exemplo, um QI de 50 e 70 ou entre um QI de 140 e 120.

Os valores de QI servem apenas como marcos orientadores e não devem ser utilizados para "rotular" indivíduos.

Retardados mentais

Retardamento mental é a expressão que designa um desempenho intelectual inferior e se caracteriza por comportamento adaptativo ineficiente.

Constitui um erro acreditar que todos os retardados mentais tenham características idênticas. Há muitas variedades de retardamento mental, além das diferenças individuais entre eles.

Também é preciso fazer notar que o retardo não é uma doença, mas uma deficiência que pode ter várias causas. Dentre as principais estão as deficiências herdadas, as lesões por ocasião do nascimento, ingestão de tóxicos pela mãe durante a gravidez e disfunções severas do sistema endócrino.

A tabela 9.2 traz a denominação comum dos níveis de retardamento segundo o QI e, também, a idade mental correspondente a cada nível.

QI	Denominação	IM
70 – 50	levemente retardado	12 – 8 anos
50 – 35	moderadamente retardado	8 – 6 anos
35 – 20	severamente retardado	6 – 3 anos
20 – 0	profundamente retardado	menos de 3 anos

Tabela 9.2 – Denominação dos níveis de retardamento mental pelo valor do QI e IM correspondente

Uma estimativa aproximada coloca que 2 a 3% da população podem ser considerados retardados mentais.

O que se pode fazer por estas pessoas é procurar desenvolver ao máximo suas limitadas capacidades.

Um programa especial pode ajudar bastante os leve e moderadamente retardados. Eles podem ser capazes de fazer de quatro a seis anos da escola fundamental, ler e escrever e, com treinamento adequado, aprender algum trabalho manual simples.

Apenas uma minoria é severa ou profundamente retardado e as estes não se consegue ajudar muito.

Para os retardados mentais é possível, em muitos casos, uma vida útil e produtiva, especialmente quando a ênfase do treinamento recai sobre o que eles são capazes de fazer e não em deplorar o que não podem.

Superdotados

Os superdotados, às vezes chamados gênios, são os que possuem os níveis mais elevados de capacidade intelectual e constituem os 3% superiores da população, segundo se calcula. Na tabela do Stanford-Binet são os de QI de 140 ou mais.

Os superdotados costumam obter alto rendimento na escola, mostram uma grande variedade de interesse, empenham-se em grande número de atividades, tendem a ser populares entre seus colegas e têm êxito nos esportes, além de ser melhor ajustados emocionalmente do que os normais.

Apesar da noção comum de que o superdotado teria dificuldades de diversas ordens, parece que, na verdade, eles tendem a ser superiores em tudo, apesar de que, num sistema educacional comum, que não atende e não aprecia sua curiosidade e impaciência, podem sentir-se entediados, ter problemas de ajustamento e vir, até, a ser reprovados.

O superdotado também necessita, pois, de atendimento especial, tarefas extras e adequadas à sua capacidade.

Uma constatação importante é que os superdotados quase sempre provêm de lares mais estimulantes do ponto de vista intelectual, com pais e mães instruídos e com importantes ocupações.

A questão da hereditariedade X meio

Um debate bastante antigo em Psicologia refere-se à importância relativa da hereditariedade e do meio ambiente na determinação da inteligência.

Muitos estudos com pessoas e animais foram feitos para tentar responder à questão.

Estudos com gêmeos idênticos criados separadamente mostraram notável semelhança entre as medidas de QI, e os estudos com filhos adotivos revelam que a inteligência dos filhos se parece mais com a dos pais verdadeiros do que com a dos pais adotivos.

Estes estudos parecem favorecer a hipótese da maior importância da hereditariedade na determinação da inteligência.

No entanto, outros estudos levam à conclusão contrária. Crianças institucionalizadas apresentam níveis de inteligência mais baixos, o que se reflete em desempenho escolar medíocre e até em sintomas de retardamento mental. Estas crianças, adotadas por famílias que lhes deem um bom atendimento, têm um aumento significativo nos seus escores de inteligência.

Estudos experimentais foram feitos com animais.

Um experimento bastante conhecido foi o de Tryon (1940), com ratos. A partir de um teste de labirinto, foram identificados e cruzados entre si ratos e ratas inteligentes e ratos e ratas chamados de "obtusos". O cruzamento seletivo foi repetido até a sétima geração e os escores destes descendentes diferiram bastante entre si, com os descendentes dos mais inteligentes obtendo melhores escores do que os outros.

Este experimento parece mostrar que a inteligência é uma função da hereditariedade.

Num outro experimento (MELZACK & THOMPSON, relatado por HEBB, p. 128) foram criados cães em condições de isolamento, desde o desmame. Quando foram retirados de suas pequenas jaulas individuais, apesar de sadios, mostravam deficiências marcantes na solução de problemas simples, facilmente resolvidos por cães criados em ambientes livres.

Este experimento parece mostrar que a inteligência é uma função do meio ambiente.

Na verdade, o que estes experimentos e outros estudos revelam é que a inteligência é determinada tanto pela hereditariedade quanto pelo meio ambiente. É preciso lembrar que nenhum destes fatores pode apresentar qualquer contribuição por si mesmo (ver cap. 11).

Frequentemente, uma questão adicional é colocada: saber o quanto cada um destes fatores influi para a inteligência. A resposta é que ambos influem 100%. A relação entre hereditariedade e meio não é aditiva, mas sim multiplicativa, na determinação da inteligência. Nas palavras de Hebb (1971, p. 166) "...perguntar quanto a hereditariedade (ou o meio) contribui para a inteligência do homem é a mesma coisa que perguntar quanto a largura ou o comprimento de um campo influem em sua área".

A questão parece tornar-se mais clara se lembrarmos que a palavra inteligência é usada tanto para designar o potencial com que uma criança nasce quanto para denominar o nível final de desempenho, conforme os testes de inteligência.

Na idade adulta, duas pessoas com potenciais genéticos muito diferentes podem vir a ter o mesmo nível de desempenho, dependendo das condições ambientais em que foram criadas.

Todo o problema se resume no fato de não ser possível medir o potencial herdado, mas apenas o desempenho final, onde já estão presentes as contribuições da hereditariedade e do meio.

Teorias sobre a composição da inteligência

Na tentativa de compreender melhor a inteligência e também de, a partir daí, desenvolver instrumentos melhores para medi-la, os psicólogos formulam teorias sobre os fatores que compõem a inteligência.

Teoria dos dois fatores

Spearman, no início deste século, acreditou que a inteligência é uma função generalizada que chamou de fator geral "G", isto é, todas as atividades intelectuais dependeriam, em primeiro lugar, do fator G, comum a todas elas. Spearman observou que havia uma correlação entre os escores de testes diferentes de inteligência como, por exemplo, os que exigem significado de palavras, complementação de sentenças, raciocínio aritmético, percepção de formas geométricas e outros. A correlação positiva encontrada foi explicada pela existência do fator G, comum a toda atividade intelectual.

No entanto, algumas correlações não eram perfeitas, o que fez Spearman supor a existência de um outro tipo de fator, os fatores "s" (específicos), responsáveis pelo sucesso em tarefas diferentes.

Em resumo, para Spearman existiria um fator G, comum a toda atividade intelectual, e fatores "s", presentes em diversos graus em atividades específicas.

Um teste de inteligência geral seria aquele que mede o fator G e deveria incluir tarefas diversificadas a fim de obter o escore total.

Teoria dos fatores múltiplos

Thorndike propôs, em 1927, a teoria segundo a qual a inteligência é composta de muitos fatores que se inter-relacionam. Assim, qualquer atividade intelectual depende de um conjunto de fatores minúsculos que operam simultaneamente. Para fins práticos de medida é possível agrupá-los.

Mais recentemente, Guilford (1961) apresentou a teoria que busca explicar a estrutura do intelecto. Para ele, a inteligência se compõe de um grande número de fatores, que procurou detectá-los pelo método da análise fatorial. Concluiu pela existência de 120 fatores na composição da atividade intelectual. Já se encontrou evidência da existência de muitos destes fatores através da construção e aplicação de testes, mas a teoria como um todo ainda não está suficientemente corroborada pela pesquisa.

Teoria dos grupos de fatores

Esta teoria afirma que a inteligência é constituída de grupos de capacidades mentais primárias que operam com relativa independência umas das outras. Assim, existem grupos de operações mentais que dependem de um fator primário comum, e outros grupos que dependem de outro.

Thurstone encontrou, por tratamento estatístico, seis fatores primários que puderam ser usados na elaboração de testes, apesar de não serem, provavelmente, os únicos. São os fatores: numérico, verbal, espacial, fluência verbal, raciocínio e memória.

Análises posteriores verificaram que eles são positivamente relacionados, o que dá apoio à teoria do fator G.

Estas diferentes concepções teóricas sobre a inteligência, apesar de algo discrepantes, derivaram testes que, na prática, podem servir às mesmas finalidades.

Relações entre inteligência e outras variáveis

Muitas pesquisas têm procurado estabelecer relações entre a inteligência e variáveis físicas, culturais e sociais e também entre a inteligência e outras características da personalidade. Alguns resultados destas pesquisas são sumariados a seguir.

Inteligência e idade

Uma questão importante é saber em que medida a capacidade mental sofre alterações com a idade.

É de domínio comum que as crianças se tornam mais inteligentes à medida que avançam em idade, já que começam a poder resolver problemas e enfrentar situações que antes não conseguiam.

Esta suposição também está presente nos testes de inteligência, onde, como no Stanford-Binet, as questões para crianças mais velhas são mais difíceis do que as das crianças mais novas.

É um pressuposto geral, portanto, que a capacidade mental, chamada de inteligência, se desenvolve com o crescimento da criança normal. (Este também é um princípio fundamental da teoria do desenvolvimento cognitivo, de Piaget, discutida no cap. 10.)

A questão que se faz, entretanto, é a respeito da idade limite (se houver alguma) para o crescimento desta capacidade.

Neste ponto, é preciso fazer uma distinção entre inteligência como uma capacidade intelectual complexa e inteligência como é medida pelos testes.

No caso de inteligência significar escore de QI, obtido através de um teste, fazem-se presentes uma série de dificuldades adicionais para responder à questão. Uma delas é o fato dos testes de inteligência não serem perfeitos e medirem, provavelmente, coisas diferentes, em idades diferentes. A motivação do indivíduo que faz o teste também é uma variável importante. Não se pode ter certeza que crianças pequenas ou pessoas idosas estejam realmente interessadas em fazer o melhor possível num teste.

Tendo-se presentes estas dificuldades, examina-se as constatações da pesquisa.

Testes aplicados a crianças de 6 anos ou mais (mas não menos) têm escores que se mantêm razoavelmente constantes até aproximadamente 15 anos. Esta constância faz com que seja possível e útil o emprego dos escores dos testes de inteligência como preditores do desempenho escolar.

Tais escores, entretanto, costumam atingir seu ponto máximo entre os 14 e os 20 anos de idade e depois declinam vagarosamente até a velhice.

O gráfico que representa a curva do crescimento mental, para um indivíduo médio, seria o da figura 9.2.

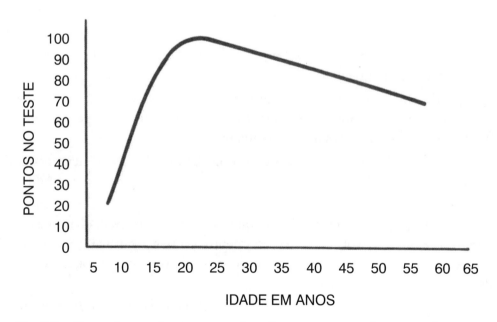

Fig. 9.2 – Curva do crescimento mental conforme os escores dos testes de inteligência

Pesquisas recentes, entretanto, revelam a existência de crescimento intelectual até a idade de 50 e 60 anos, principalmente em pessoas bem-dotadas. A conclusão a que se tem chegado é que o crescimento da inteligência continua depois da adolescência, porém numa velocidade decrescente (KREH & CRUTCHFIELD, 1974, Vol. 2, p. 218).

Para concluir, apesar das inúmeras pesquisas sobre as relações entre inteligência e idade, as conclusões estão longe de ser definitivas.

Inteligência e sexo

Como é maior o número de homens do que de mulheres que se têm distinguido em profissões de notoriedade, é comum presumir-se que o homem é superior intelectualmente. Esta noção, no entanto, não encontra apoio nas mensurações de inteligência.

O que se tem encontrado são diferenças em subtestes, isto é, no tipo de tarefa de teste em que homens e mulheres se desempenham melhor.

As meninas costumam ser superiores nos testes que requerem aptidões linguísticas e memória verbal. (As meninas também aprendem a falar mais cedo do que os meninos.)

Os meninos são, em geral, superiores nos testes que medem capacidade aritmética ou matemática em geral. Esta superioridade, no entanto, não se manifesta no início da vida, como ocorre com a capacidade verbal feminina, mas tende a surgir apenas na adolescência. Acredita-se, por isso, que aqui se fez presente uma influência cultural, isto é, a superioridade seria alcançada pela estimulação dada, preferencialmente, aos meninos, para que lidem com dinheiro e medidas em geral.

Em resumo, a maioria dos estudos tem mostrado que as diferenças em desempenho no homem e mulher adultos são explicáveis, pelo menos em grande parte, pelas condições do meio que restringem as oportunidades para as mulheres.

Inteligência e raça

Uma primeira e grande dificuldade das pesquisas que procuraram verificar a existência de relações entre raça e inteligência está, justamente, na identificação da raça de um indivíduo. É extremamente difícil falar em raças puras nos dias de hoje. Além disso, não é possível separar outros fatores, como motivação, condições socioeconômicas e muitos outros, da questão racial.

Nos Estados Unidos, muitos estudos já foram efetuados para comparar a inteligência dos negros com a dos brancos. Nos testes, as crianças negras, no conjunto, realmente não conseguem escores tão altos quanto as brancas, mas não é possível determinar se esta diferença é devida à raça ou a outros fatores. Quando se consideram as diferenças de oportunidades educacionais e outras consequências das diferenças de classe socioeconômica entre brancos e negros, é mais razoável entender que estas sejam as responsáveis pelas diferenças em inteligência, e não a raça em si.

Os psicólogos concordam unanimemente, hoje, que a raça não é uma indicação da capacidade intelectual e que pessoas de raças diferentes, com as mesmas oportunidades sociais e econômicas, não diferem em inteligência.

Inteligência e classe socioeconômica

As crianças que provêm de lares de *status* socioeconômico mais elevado costumam conseguir escores mais elevados nos testes de inteligência. A explicação está nas melhores oportunidades de desenvolvimento, tanto físico como emocional e intelectual. Além de uma alimentação mais rica e variada, seus pais são pessoas mais instruídas, o que lhes proporciona um meio familiar estimulante. A escola que frequentam tem, também, probabilidade de ser de melhor nível do que as frequentadas por crianças de classe socioeconômica mais baixa.

A classe socioeconômica, em resumo, representa, talvez, a mais abrangente diferença ambiental na determinação da inteligência.

Inteligência e êxito na escola

Para medir a variável "êxito escolar" têm sido usadas as notas obtidas pelo estudante e os testes de realização (ver cap. 2).

Ambas as medidas foram correlacionadas com os escores de inteligência e, em ambos os casos, as correlações foram positivas, embora mais elevadas para os testes de realização. Estes resultados dão apoio ao uso dos escores de QI como preditores do sucesso na escola.

Inteligência e ocupação

Alguns encontraram altos níveis de correlação entre inteligência e ocupação. Isto se explica de muitas maneiras. Em primeiro lugar, as diferentes profissões exigem um número de anos de frequência à escola que aumenta conforme a importância da profissão, e os mais inteligentes tendem a permanecer mais tempo na escola. Os menos inteligentes tendem a deixá-la mais cedo, trabalhando, depois, em ocupações de menos *status*.

Outras explicações estão relacionadas, também, à classe socioeconômica da família que, além de possibilitar um maior desenvolvimento intelectual, também encaminha os filhos para profissões de maior *status*.

Inteligência e criatividade

Um desempenho é considerado criativo se for, além de novo ou original, útil e represente uma solução única para um problema.

Muitas pesquisas encontraram pequena ou nenhuma relação entre os escores de testes de inteligência e criatividade.

No entanto, outros investigadores concluíram que, para certos tipos de tarefas que exigem o pensamento criativo, como as de produção cultural, científica e tecnológica, se requer, também, um alto nível intelectual.

Parece que a questão depende de como são obtidos os escores de criatividade e os de inteligência.

Questões
1. O que se entende, em Psicologia, quando se fala em "inteligência"?
2. Qual o procedimento do teste Stanford-Binet para estabelecer a IM?
3. Qual seria o QI de uma criança de 4 anos cuja IM fosse igual a 3 anos e 2 meses?
4. Apontar duas críticas que costumam ser dirigidas ao teste Stanford-Binet.
5. Quais são as maneiras encontradas para expressar o QI de adultos?
6. O que significa, em termos de percentil, um QI de 90?
7. Quais são os valores de QI de desvio, na escala Wechsler, que marcam os limites da normalidade?
8. Qual a vantagem do emprego do QI de desvio sobre o emprego do QI de razão?
9. Listar os tipos de testes empregados para medir a inteligência.

10. O que significa "retardamento mental"? Discorrer sobre a validade ou não de se considerar o retardamento mental como um problema de características únicas.
11. Quais os indivíduos considerados "superdotados" intelectualmente? Como se caracteriza o seu comportamento?
12. Qual é a relação entre hereditariedade e meio na determinação da inteligência? Descrever tipos de estudos sobre esta questão.
13. Nomear e descrever brevemente as teorias sobre a composição da inteligência.
14. A inteligência de um indivíduo aumenta ou diminui com o passar dos anos? Explicar a resposta.
15. Os homens e as mulheres diferem quanto à inteligência? Explicar a resposta.
16. Qual a relação única encontrada entre inteligência e as variáveis: raça, classe socioeconômica, êxito na escola e ocupação?
17. Existe relação entre inteligência e criatividade? Explicar a resposta.

CAPÍTULO 10
Desenvolvimento

OBJETIVOS DE APRENDIZAGEM

Após estudar o presente capítulo você deverá ser capaz de:
- demonstrar a importância da maturação e dos fatores ambientais no desenvolvimento;
- apontar os principais fatores ambientais que podem interferir no desenvolvimento pré-natal;
- explicar o conceito de trauma do nascimento;
- exemplificar a ordem em que ocorre o crescimento físico;
- demonstrar a relação existente entre o desenvolvimento físico, intelectual, social e emocional;
- dissertar sobre a importância da mãe e do pai no desenvolvimento inicial da criança;
- citar e explicar as "oito idades do homem" de Erik Erickson;
- caracterizar cada um dos estágios do desenvolvimento cognitivo da criança, segundo Piaget.

Introdução

Desenvolvimento é um processo que inicia na concepção e só termina com a morte. O termo desenvolvimento quer dizer evolução, progresso, movimento, mudança, crescimento.

Ao estudarmos desenvolvimento podemos nos fixar na parte biológica, emocional, intelectual ou social. O desenvolvimento biológico não é independente do social e este não está separado do intelectual. Em suma, todos estão relacionados. O ser humano é uma unidade e nada acontece isoladamente.

O desenvolvimento é um contínuo, mas há períodos críticos em que os fatos parecem se precipitar. Assim, é de repente que aparecem as características sexuais secundárias e de um momento para outro a criança parece ter crescido vários centímetros.

Estudar desenvolvimento significa conhecer a história do homem desde seu nascimento (e mesmo antes dele) até sua morte. Compreender o que ocorre em cada idade, o que caracteriza cada fase.

O desenvolvimento depende de dois fatores básicos: a maturação e o ambiente. Maturação é um processo biológico, é o aspecto inato do desenvolvimento. Maturação se refere ao crescimento de células, tecidos, músculos e órgãos. Assim a criança não poderá caminhar antes que as estruturas musculares permitam tal atividade. O treinamento intensivo antes desse período é praticamente inútil.

Ambiente engloba todas as experiências vividas pela criança e oriundas do meio circundante: a educação, a influência dos pais, a alimentação, as doenças. O ambiente pode interferir no processo de maturação, a desnutrição e as doenças podem afetar o crescimento do esqueleto e dos músculos.

O desenvolvimento é algo individual e único, cada ser humano se desenvolve num ritmo diferente e peculiar. Isto, contudo não impede que se fale em termos de média geral. Assim, quando se menciona estágios ou fases de desenvolvimento que abrangem uma determinada idade, devemos ter sempre presente que este estágio representa a média geral. Na verdade poucos indivíduos se enquadrariam rigorosamente no que está sendo proposto. A maioria está um pouco aquém ou além.

O desenvolvimento pré-natal e o nascimento

A verdadeira e profunda história de um homem não começa com seu nascimento, nem mesmo com sua concepção. Ela recua mais ainda no tempo até se encontrar com seus avós, bisavós e tetravós.

Durante o período pré-natal, como em todos os demais períodos, há íntima interação entre fatores genéticos e ambientais. Embora alguns problemas congênitos possam ser atribuídos a causas genéticas, a maior parte deles é resultado de fatores genéticos e ambientais interagindo.

Entre os fatores ambientais que podem atingir o feto destacam-se: a alimentação da mãe, o fumo, as drogas, o álcool e o estado emocional da mãe.

Independentemente da escola ou posição teórica esposada, todos reconhecem a importância do nascimento no desenvolvimento humano. Freud destacou que o nascimento é a fonte de toda ansiedade, é a primeira e fundamental experiência de ansiedade. Rank, um discípulo de Freud, falou em trauma do nascimento: a grande ansiedade provocada pelo fato de a criança ter que abandonar um lugar seguro e protegido e enfrentar um ambiente hostil. O conceito de Rank pode ser discutido, mas, com certeza, o parto poderá representar uma experiência traumática, dependendo de como se desenvolve. Sem dúvida, um parto difícil, em que o recém-nascido é arrancado com fórceps e após separado da mãe, é uma experiência traumatizante.

O artificialismo dos partos em modernos hospitais tem provocado uma reação violenta que tem por objetivo valorizar os métodos naturais de nascimento.

Vários médicos ilustres têm proposto novos métodos, mais adequados e menos traumatizantes. Entre tantos que poderiam ser citados, destaca-se Frederick Leboyer. Após uma severa crítica dos ambientes hospitalares onde nascem os bebês (luzes fortes e ofuscantes, barulho, corte imediato do cordão umbilical, tapa nas nádegas, excesso de medicamentos) ele propõe um parto sem violência, evitando-se um processo que, segundo ele, produz terror na criança.

O desenvolvimento físico

O bebê nasce com alguns sentidos funcionando regularmente e outros ainda precariamente. Assim, o pequeno ser envereda pelo árduo caminho do crescimento.

Há dois princípios gerais que regem o desenvolvimento físico do recém-nascido. Primeiramente se constata que ele ocorre no sentido cabeça-pés. A cabeça e o pescoço atingem a maturidade antes das pernas. O segundo princípio é que o desenvolvimento ocorre no sentido centro-periferia, isto significa por exemplo que a criança aprende a dominar os braços antes de aprender a dominar os dedos.

Diferentes sistemas e órgãos seguem ritmos diversos de desenvolvimento. Por exemplo, até o nascimento a cabeça e o sistema nervoso crescem e amadurecem mais. Após o nascimento, o ritmo de crescimento dos braços é maior do que o da cabeça.

Não será demais lembrar que o desenvolvimento físico não é isolado do desenvolvimento social, intelectual e emocional. Um desenvolvimento físico defeituoso pode afetar seriamente o autoconceito da criança e do adolescente e consequentemente marcar negativamente o desenvolvimento social e emocional. Um desenvolvimento físico harmonioso colabora para o ajustamento.

Estudos e observações indicam que há períodos críticos no desenvolvimento. Isto significa que há um determinado momento em que a criança está pronta, madura para aprender determinada resposta como andar e falar. A aprendizagem dessa resposta deverá ocorrer nesse período, caso contrário será difícil recuperar a oportunidade, e o desenvolvimento fica irreversivelmente prejudicado.

As crianças que crescem em condições de severas privações de estimulação dos sentidos e da inteligência, de alimentação e saúde, de relações sociais positivas, tem seu desenvolvimento irreversivelmente prejudicado.

O desenvolvimento emocional e social

Por mais que se enfatize, nunca se vai exagerar a importância do bom relacionamento entre a mãe e a criança. Os demais relacionamentos estarão sempre marcados por esta primeira e fundamental interação. Quando a relação mãe e filho for positiva, este adquirirá o senso de segurança, autoconfiança que o acompanharão pelo resto da vida.

A socialização da criança inicia e tem seu fundamento na família, cresce através da interação com os companheiros, se desenvolve e cria corpo na escola, continua a se expandir na adolescência e juventude, para culminar na vida adulta. A base, porém, sempre está na família. Lá acontece uma espécie de condicionamento. Se o relacionamento com os membros da família, particularmente com a mãe, for positivo, haverá uma generalização de resposta e a criança passará a perceber todos os demais como fonte de satisfação, com confiança, positivamente. Aqui, mais uma vez é verídica a afirmação tão conhecida: "a criança é o pai do adulto".

Os estudos que Harry Harlow desenvolveu são muito sugestivos. Harlow criou um grupo de macacos com mães substitutas. Uma das mães foi construída de arame, não oferecia conforto, possibilidade de contato corporal e aconchego. Contudo, ela dispunha de um aparato especial, uma espécie de mamadeira, da qual os animais obtinham o alimento.

A outra mãe não oferecia alimentação, mas fora construída de pano e feltro, oportunizando o contato corporal. Harlow observou que os filhotes ficavam quase todo o tempo junto à mãe de pano, embora tivessem que buscar alimento na mãe de arame. Particularmente quando os animais eram assustados ou tinham que explorar o ambiente, eles se apegavam à mãe de pano.

John Bowlby estudou os efeitos da ausência e separação da mãe em crianças inglesas. Constatou que a falta da mãe pode levar ao retardo físico, emocional e intelectual. Outros estudos, particularmente envolvendo crianças de orfanatos, confirmam esses dados.

A maioria concorda que o período em que a criança mais precisa da mãe são os primeiros dois anos e particularmente críticos parecem ser os seis primeiros meses.

E qual seria o papel do pai? Talvez porque os pais trabalham fora, talvez porque a nossa sociedade atribui à mãe a tarefa da educação dos filhos, o certo é que pouco se estudou sobre o papel do pai no desenvolvimento dos filhos.

Nos últimos anos, com a mudança de certos posicionamentos tradicionais, o tema passou a merecer atenção.

Os autores são unânimes em enfatizar a importância da figura paterna, particularmente no desenvolvimento de comportamentos relacionados ao papel sexual das crianças, tanto do sexo masculino como feminino. Carlsmith estudou as consequências da ausência do pai nos primeiros anos de vida, tomando um grupo de jovens cujos pais tinham estado fora de casa em cumprimento dos seus deveres militares durante a Segunda Guerra Mundial. A conclusão a que ele chegou foi de que estes jovens mostravam padrões de comportamento tipicamente femininos em número maior do que os seus pares cujos pais não se tinham afastado do lar.

Outras pesquisas têm concluído que a ausência do pai afeta o desenvolvimento cognitivo, especialmente dos filhos do sexo masculino.

Freud estudou o desenvolvimento sexual e emocional e deu muita importância aos primeiros anos de vida na formação da personalidade. Os estágios do desenvolvimento psicossexual propostos por Freud são abordados no capítulo 12 deste livro.

Freud ainda destaca a importância de duas situações de aprendizagem no desenvolvimento sexual e emocional: a amamentação e o controle dos esfíncteres e bexiga. A primeira situação é importante porque determina o relacionamento com a mãe e o subsequente relacionamento com as demais pessoas. A segunda situação reveste-se de importância especial, porque é a primeira norma social que os adultos e a sociedade impõem sobre a criança. E o primeiro gesto de socialização da criança.

Segundo Erik Erickson os indivíduos enfrentam diferentes tarefas sociopsicológicas à medida que crescem. Novas exigências vão sendo feitas pela sociedade e novas formas de reagir devem ser desenvolvidas. Em seu livro *Childhood and Society*, Erickson apresenta as "oito idades do homem" que seriam como fases ou estágios que o homem enfrenta em seu desenvolvimento emocional e social, desde seu nascimento até a morte.

A forma como cada um vai resolver os desafios de cada um dos estágios vai determinar sua personalidade, sua identidade, enfim seu ajustamento. Ao vencer as crises o indivíduo desenvolve o senso de identidade pessoal e se torna confiante, seguro em suas emoções, adquire controle sobre seus impulsos, relaciona-se bem com outros. Os que não superam as crises têm identidades confusas, isto é, têm crise de identidade, são alienados da sociedade, duvidam de suas próprias capacidades, não têm autoconfiança e não sabem realmente o que querem.

As oito idades propostas por Erickson estão relacionadas entre si e são mutuamente dependentes. Uma está construída sobre a outra. Assim, se uma não estiver bem resolvida, os problemas dela são deslocados para a fase seguinte.

A primeira idade (0 – 1 ano) é caracterizada por confiança x desconfiança. A mãe é a representante da sociedade e dependerá da interação da mãe com a criança o surgimento de segurança, confiança ou desconfiança. A criança desenvolverá o senso de segurança e confiança se a mãe atender devidamente suas necessidades (afeto, alimentação, aconchego). Se a mãe for negligente e não atender às necessidades básicas da criança, então teremos um indivíduo desconfiado e inseguro.

A segunda idade (1 – 3 anos) é a da autonomia x vergonha e dúvida. Nesta idade a criança já caminha, corre, puxa, empurra, enfim, vive em movimento. Respeitados os limites da segurança, os pais podem deixar que a criança se movimente, haja, se envolva no maior número de atividades possíveis. Se isso ocorrer, a criança desenvolverá o senso de autonomia. Se, porém, os pais forem muito exigentes na disciplina, repreenderem e castigarem a criança, ela crescerá com vergonha e dúvida.

Na idade de 4 e 5 anos a criança enfrenta a fase da iniciativa x sentimento de culpa. A criança quer explorar o ambiente. Além de muito movimento físico, ela pergunta sobre tudo e sobre todos, brinca, fala. Está cheia de curiosidade para explorar, conhecer e descobrir o mundo. Dependendo da atitude dos pais diante desses comportamentos, a criança desenvolverá iniciativa ou ficará à espera de ordens para agir e desenvolverá sentimentos de culpa.

A idade da atividade x inferioridade ocorre dos 6 aos 11 anos. Agora o professor se constitui numa espécie de agente da sociedade. A atenção da criança está concentrada nas tarefas escolares e no desenvolvimento de relações com colegas e grupos. Quando os pais e professores mostrarem interesse e aprovação pelas suas conquistas intelectuais, o menino desenvolverá o senso de realização. Se, ao contrário, os pais e professores não mostrarem interesse, o sentimento de inferioridade surgirá.

O estágio seguinte é conhecido como a fase da identidade x confusão de papéis. Esse estágio vai dos 11 aos 18 anos. Se a criança conseguiu nos estágios anteriores desenvolver confiança, autonomia, iniciativa, atividade, teremos agora um jovem com uma identidade definida. Mas, se as crises dos períodos anteriores não foram resolvidas satisfatoriamente, o jovem viverá em crise de identidade e confusão de papéis. Neste caso, os jovens tornar-se-ão sequiosos por se identificar com ídolos. Em busca de sua identidade, tornar-se-ão totalmente dependentes de grupos e multidões. Exibirão comportamentos de conformidade cega aos *standards* do grupo.

A idade seguinte (18 – 45 anos) é denominada intimidade x isolamento. A intimidade se caracteriza pela busca e realização de relações pessoais profundas, íntimas, satisfatórias. Pode ser uma amizade profunda ou, em sua forma mais comum, a união com um parceiro do sexo oposto. O isolamento é apresentado pela fuga e medo das relações pessoais e íntimas e pelo rompimento dos laços de união.

Dos 45 aos 65 anos, o homem vive a idade da produtividade x estagnação. Esta fase, em seu aspecto positivo, se caracteriza pelo sentimento de realização pessoal e pelo desejo de realizar algo pela comunidade e pela futura geração. Do lado negativo há a estagnação. A pessoa se sente velha, inválida, inútil.

O oitavo e último estágio é denominado integridade x desespero. O senso da integridade é vivido por aqueles que, ao olhar para trás, se sentem ajustados às suas vitórias e aos seus fracassos. Aceitam o que são e o que conseguiram fazer. O desespero é vivido pelos que não sentem satisfação pelos anos vividos e passam o resto do tempo preocupados com o que poderiam ter feito e não fizeram.

O desenvolvimento intelectual

O estudo detalhado da inteligência, seu conceito, desenvolvimento e mensuração, foi apresentado no capítulo anterior. Limitar-nos-emos a apresentar as fases do desenvolvimento cognitivo (intelectual) de Piaget.

Jean Piaget foi um grande estudioso da inteligência da criança. Ele defende o princípio de que o desenvolvimento ocorre em etapas ou fases. Segundo ele, há quatro estágios bem definidos no desenvolvimento intelectual da criança.

O primeiro estágio é denominado sensório motor, pelo fato da percepção estar intimamente ligada aos movimentos. Este período vai do nascimento aos 2 anos e se caracteriza pelos seguintes comportamentos: a criança aprende a diferenciar o seu corpo dos seus demais objetos. Não há linguagem ainda e os objetos são definidos (conceituados) a partir de seu uso ou manipulação. Eles só existem enquanto estão à vista. Nesta fase a criança busca e necessita ser estimulada.

O estágio seguinte é denominado pré-operacional e se processa dos 2 aos 7 anos. Nesta fase o pensamento da criança é egocêntrico, incapaz de ver o ponto de vista do outro. Os objetos são classificados por uma única característica, assim, se duas bolas têm a mesma cor elas são percebidas como iguais.

Aos 4 anos inicia-se o pensamento intuitivo através do qual a criança começa a perceber relações e pensar em termos de classe. Então, ela já manipula os conceitos numéricos. É neste estágio que se desenvolve o conceito de conservação, primeiramente conservação de peso, após, conservação de volume: a quantidade (massa) não muda quando sua forma muda ou quando dividimos um todo em partes. O peso total de um objeto permanece o mesmo independentemente de como são distribuídas ou arranjadas suas partes. Os líquidos não mudam de volume pelo fato de mudar o recipiente e, consequentemente, a forma. Comumente uma criança de 4 anos, a quem se apresentam duas bolas iguais e se solicita para que indique qual é a maior, reconhece a igualdade de ambas. Tomando-se porém uma das bolas e transformando-a numa espécie de rolo fino e comprido, a criança passa a apontá-lo como maior do que a bola. Isto indica que ela não desenvolveu o conceito de conservação.

O terceiro estágio é o das operações concretas. Esta fase vai dos 7 aos 11 anos e nela a criança se torna capaz de pensar logicamente, mas sempre fazendo referências ou tendo por base fatos e objetos concretos. Ela não é capaz ainda de abstrair. Mas a criança agora já é capaz de entender o princípio de reversibilidade, é capaz de classificar os objetos em hierarquias ou classes e realiza também a seriação, ordenamento de objetos em ordem crescente e decrescente.

O último estágio do desenvolvimento cognitivo vai dos 11 aos 15 anos e denomina-se período das operações formais. A característica básica deste estágio é o pensamento lógico-formal, a abstração, a generalização. Agora o jovem adolescente elabora conceitos, hipóteses, leis e passa a testá-los. É a maturidade intelectual.

Questões
1. Através de um exemplo demonstre a importância da maturação no desenvolvimento humano.
2. Através de um exemplo demonstre a importância dos fatores ambientais no desenvolvimento.
3. Como o ambiente pode afetar o desenvolvimento pré-natal?
4. Conceitue trauma do nascimento.
5. Como se processa o crescimento físico, em que ordem ele ocorre? Explique.
6. O desenvolvimento das várias áreas (intelectual, emocional, social, física) são independentes? Explique.
7. Qual o papel da mãe no desenvolvimento da criança?
8. Qual o papel do pai no desenvolvimento dos filhos?
9. Cite e explique os estágios de desenvolvimento segundo Erik Erickson.
10. Caracterize cada um dos estágios do desenvolvimento cognitivo da criança, segundo Piaget.

PARTE 3 Personalidade

CAPÍTULO 11
Conceito, formação e medida da personalidade

OBJETIVOS DA APRENDIZAGEM

Depois de estudar este capítulo, você deverá ser capaz de:
- explicar o que significa "personalidade" em Psicologia;
- nomear e descrever os princípios subjacentes às diversas definições de personalidade;
- apontar os dois grandes fatores que formam a personalidade e explicar a relação entre eles;
- explicar por que a hereditariedade significa, ao mesmo tempo, diferenças e semelhanças entre os indivíduos;
- distinguir entre hereditariedade da espécie e individual e fornecer exemplos da influência de ambas na formação da personalidade;
- distinguir entre meio físico e social e fornecer exemplos da influência de ambos na formação da personalidade;
- listar e descrever as diferentes maneiras de medir a personalidade.

Conceito de personalidade

Todos nós já ouvimos falar, provavelmente muitas vezes, em "personalidade". Ou é um pai que, orgulhoso, diz que seu filho tem uma personalidade "forte", ou alguém que, ressentido, diz que seu colega "não tem personalidade".

O que estas pessoas estariam querendo significar com esta palavra? Pode ser que o pai esteja dizendo que seu filho exerce uma influência marcante sobre os amiguinhos dele e a outra pessoa, quem sabe, está afirmando que o colega não sustenta suas opiniões em todas as situações.

O que parece comum, neste exemplo, e também sempre que a palavra personalidade é usada na linguagem informal, é a referência a um atributo ou característica da pessoa, que causa alguma impressão nos outros. Isto também é válido quando se ouve falar em "personalidade tímida" ou "agressiva", etc.

Este significado implícito é derivado, provavelmente, do sentido etimológico da palavra.

Personalidade se origina da palavra latina *persona*, nome dado à máscara que os atores do teatro antigo usavam para representar seus papéis ("per-sona" significa "soar através").

O sentido original do termo está, pois, bastante relacionado ao sentido popular porque se refere à aparência externa, à impressão que cada um causa nos outros.

E os psicólogos, o que entendem por personalidade?

O psicólogo Gordon Allport, da Universidade de Harvard, listou, em 1937, cinquenta definições diferentes da palavra e, depois de estudá-las, classificou-as em categorias gerais. Este estudo e outros que posteriormente foram feitos permitiram identificar a existência de ideias fundamentais comuns a respeito da personalidade, isto é, pode-se perceber princípios subjacentes às várias tentativas de conceituar personalidade. Estes princípios são:

a) *Princípio da globalidade*. Os vários traços e características, os vários sistemas, cognitivo, afetivo e de comportamento são integrados e fundidos. Elementos inatos, adquiridos, orgânicos e sociais estão incluídos no conceito de personalidade. Personalidade é tudo o que somos.

b) *Princípio social*. É impossível pensar em personalidade sem dimensões sociais. As características de personalidade se desenvolvem e se manifestam em situações sociais. A personalidade consiste nos hábitos e características adquiridos em resultado das interações sociais, que promovem o ajustamento do indivíduo ao meio social.

c) *Princípio da dinamicidade*. Personalidade é um conceito essencialmente dinâmico. Os vários elementos interagem, combinando-se e produzindo efeitos novos e originais. Entende-se, pois, que a personalidade é o que organiza, integra e harmoniza todas as formas de comportamento e características do indivíduo, de tal maneira que há um grau de coerência no comportamento. Apesar da coerência e estabilidade, a personalidade é sempre capaz de receber novas influências, adaptar-se a novas circunstâncias.

d) *Princípio da individualidade*. A personalidade é sempre uma realidade individual, que marca e distingue um ser do outro. Há sempre uma dimensão peculiar e única da personalidade. Cada um de nós é único no mundo. A personalidade, então, é o conjunto de todos os aspectos próprios do indivíduo pelos quais ele se distingue dos outros.

A partir de todas estas concepções comumente aceitas, pode-se, resumindo, dizer que, em Psicologia, entende-se por personalidade aquele conjunto total de características próprias do indivíduo que, integradas, estabelecem a forma pela qual ele reage costumeiramente ao meio.

É possível perceber que "personalidade" é, talvez, o conceito mais amplo em Psicologia, já que abrange, de uma forma ou de outra, todos os tópicos estudados por esta ciência, como o físico, as influências sociais, as emoções, a aprendizagem, as motivações, etc.

Todo o conhecimento psicológico, enfim, contribui para a compreensão da personalidade: os fatores que a constituem, como ela se desenvolve, as causas das diferenças individuais, etc.

A formação da personalidade

A configuração única da personalidade de um indivíduo desenvolve-se a partir de fatores genéticos e ambientais.

Os fatores genéticos exercem sua influência através da estrutura orgânica e do processo de maturação. Os fatores ambientais incluem tanto o meio físico como social e começam a influenciar a formação da personalidade já na vida intrauterina.

No mesmo instante em que o óvulo é fecundado, isto é, no momento da concepção, o ser humano recebe a totalidade de sua herança genética. Nada poderá ser acrescentado. Mas, a partir do momento da fecundação, este projeto de indivíduo se encontra necessariamente sob a influência de um ambiente, o útero materno, habitat primário dos mamíferos. Portanto, do ponto de vista da genética, nem tudo aquilo com que nascemos (congênito) é hereditariedade.

Personalidade e hereditariedade

Hereditariedade é a transmissão de caracteres dos pais aos seus descendentes através dos genes. Os genes (ou gens) são estruturas minúsculas encontradas nos cromossomos, presentes no núcleo das células.

As células humanas, segundo as últimas pesquisas, têm 46 cromossomos dispostos em 23 pares. As células germinativas (espermatozoide e óvulo) contêm apenas um membro de cada par, de modo que, quando se unem e formam o zigoto, completam novamente os 23 pares. Assim, na formação de cada novo indivíduo, exatamente a metade dos cromossomos vêm do pai e a outra metade, da mãe.

Um cálculo teórico estabeleceu em 8.385.108 (2^{23}) o número possível de combinações diferentes de cromossomos para um único homem ou para uma mesma mulher (KRECH & CRUTCHFIELD, 1974, p. 241). Resulta daí que, numa concepção, qualquer um destes milhões de espermatozoides diferentes pode fecundar qualquer um dos milhões de tipos de óvulos. A possibilidade de nascerem indivíduos diferentes, no entanto, é ainda infinitamente maior, dado o fenômeno do "atravessamento", isto é, à possível troca de genes entre os cromossomos.

Apontam Bigge e Hunt (1975, p. 155) que as combinações possíveis de genes são de tal ordem que um único casal poderia ter 20^{24} tipos diferentes de crianças, número superior ao total de seres humanos que jamais existiram.

Não é surpreendente, portanto, que dois irmãos possam ser muito diferentes entre si e nem que cada pessoa seja única no mundo.

Seria um erro pensar, entretanto, que a hereditariedade estabeleça apenas diferenças entre as pessoas; existe um limite para as diferenças individuais estabelecidas pela hereditariedade. Qualquer que seja a combinação de cromossomos que venha a ocorrer, nada poderá estar aí que não tenha provindo de um dos pais. Quanto mais próximas as relações de parentesco entre as pessoas, menores são as diferenças genéticas encontradas. Assim, as diferenças entre primos são maiores do que entre irmãos, entre gêmeos fraternos do que entre gêmeos idênticos. Estes, gêmeos univitelíneos, são as únicas pessoas iguais entre si do ponto de vista genético. Por isso, são de grande interesse para o estudo das questões ligadas à hereditariedade.

Como a hereditariedade influencia a formação da personalidade?

Em primeiro lugar, é preciso deixar bem claro que a hereditariedade não se constitui em causa direta do comportamento. Sua influência se dá de forma indireta, através das estruturas orgânicas pelas quais respondemos aos estímulos.

Para se compreender melhor a influência da hereditariedade é útil distinguir entre hereditariedade da espécie e hereditariedade individual.

A *hereditariedade da espécie* caracteriza todos os membros de uma mesma espécie. Certas possibilidades e limitações do comportamento já são estabelecidas aqui pelas diferentes estruturas orgânicas herdadas.

As estruturas orgânicas diferentes é que possibilitam ao pássaro voar e ao homem falar e não possibilitam o vice-versa. Enfatiza-se a expressão "possibilidade", já que a presença de determinada estrutura é condição necessária, mas não suficiente para o desenvolvimento de determinado comportamento. O fato de possuirmos uma estrutura que nos permite falar línguas estrangeiras não garante que necessariamente as falaremos. As estruturas são herdadas, mas o comportamento não.

A maturação é o processo fisiológico pelo qual a hereditariedade atua durante toda a vida, determinando mudanças na estrutura do corpo, no funcionamento das glândulas e do sistema nervoso. Em consequência, também ocorrerão mudanças no comportamento. Assim, é também responsabilidade da hereditariedade da espécie que espécies diferentes tenham diferentes ritmos e maturação.

O conhecido estudo de Kellog, da Universidade de Indiana, apontou este fenômeno. Esses estudiosos trouxeram para casa um filhote de chimpanzé, Gua, e o trataram em tudo como a seu próprio filho Donald. As mesmas condições de estimulação e aprendizagem foram garantidas. O chimpanzé, devido ao seu ritmo de maturação, aprendeu a subir uma escada e a descê-la, abrir uma porta, operar um interruptor de luz, beber em um copo, comer com a colher e controlar os esfíncteres, tudo isto bem antes que Donald. No entanto, aos poucos, Donald passou a superar Gua.

A hereditariedade da espécie determina, ainda, que espécies diferentes tenham diferentes comportamentos instintivos ou não aprendidos (ver cap. 8).

A *hereditariedade individual* é a que, excetuando-se a influência do ambiente, faz um indivíduo ser diferente de outro da mesma espécie.

Os indivíduos, já por ocasião do nascimento, diferem acentuadamente quanto ao nível de atividade. Isto, por sua vez, acarretará diferenças acentuadas na maior ou menor percepção de estímulos e consequente aprendizagem. Desde o nascimento, umas crianças reagem prontamente às variações de luz, som, temperatura, etc. e outras permanecem quase insensíveis.

Provavelmente, os fatores hereditários desempenham papel mais preponderante na determinação dos padrões de comportamento dos animais do que os seres humanos. Mesmo assim nossas diferenças fisiológicas, determinadas geneticamente, desempenham papel decisivo na formação de nossa personalidade.

Apesar de não existir uma relação causal direta entre estruturas hereditárias e autoestima, agressividade, sociabilidade e outras características de personalidade, nós nos comportamos por meio de nosso corpo e a estrutura e funcionamento do organismo são influenciados pela hereditariedade.

A nossa aparência física influencia muito na maneira pela qual seremos tratados pelos outros e a partir das relações interpessoais se estabelecem muitas características pessoais, como o autoconceito e outras (ver cap. 4).

São aceitos os princípios segundo os quais incapacidades corporais e deformidades físicas influenciam a personalidade. Elas determinam não só um autoconceito negativo, mas também desencadeiam mecanismos compensatórios. Adles defendeu com vigor esta tese.

De um modo geral, as pesquisas indicam que pessoas portadores de defeitos físicos ou muito diferentes, fisicamente, da maioria das pessoas na sua cultura, apresentam um índice maior de retraimento social, infelicidade e comportamentos defensivos. Esses indivíduos são, em geral, desestimados pela sociedade e têm grande propensão para aceitar esse julgamento desfavorável, o que os conduz inevitavelmente a um conceito negativo de si mesmos. Interiorizado o conceito negativo, passam a agir de acordo com ele. O nível de ansiedade também costuma ser maior nestas pessoas. Sob o domínio da ansiedade, sentem maiores dificuldades e enfrentam menos adequadamente o meio.

Outra descoberta que atesta a influência da hereditariedade individual sobre a personalidade é que inúmeras desordens de comportamento pressupõem certas predisposições orgânicas herdadas. Estados depressivos, por exemplo, podem ser causados por insuficiência de insulina.

Para concluir, ressalta-se a ideia de que a hereditariedade não é causa direta do comportamento, mas através das estruturas orgânicas estabelece limites para as manifestações comportamentais.

Parece ser útil a divisão do conceito de ambiente em ambiente *físico* e *social*. O primeiro se refere às influências da nutrição, temperatura, altitude, etc., e o segundo às influências das relações interpessoais.

Pode-se, portanto, incluir sob o rótulo "ambiente" um número enorme de fatores que influem na formação da personalidade. Entre eles estão: a situação pré-natal, as primeiras experiências infantis, a constelação familiar, as relações entre pais e filhos, as variadas influências culturais e institucionais e muitos outros.

Já são amplamente conhecidos os resultados de alterações no ambiente pré-natal. Dieta inadequada, ingestão de drogas e tratamento de raio x durante a gravidez podem alterar profundamente a personalidade do futuro bebê. Emoções fortes e prolongadas, neste período, podem fazer o mesmo. Isto se deve, provavelmente, às alterações hormonais que passam, através da placenta, para o feto, tornando-o excessivamente ativo. Depois do nascimento, esta criança pode continuar a sofrer os efeitos destas alterações, sendo hiperativa e irritável.

A nutrição é um fator dos mais importantes no desenvolvimento da personalidade em muitos, senão em todos os aspectos, como inteligência, constituição física, coordenação motora, atenção, memória, etc., sem se falar nas características derivadas destas, como é o caso do autoconceito.

As primeiras experiências na vida de uma pessoa são as mais importantes. Freud e a maioria dos estudiosos acredita que a estrutura da personalidade é fixada nos primeiros anos de vida; o que ocorre ou deixa de ocorrer neste período é decisivo.

Tem-se pesquisado bastante, recentemente, sobre os efeitos das privações de estimulação nos primeiros momentos da vida. Vários estudos envolvendo crianças criadas em orfanatos, comparadas com crianças criadas em ambientes familiares, apontam, naquelas, uma série de problemas como saúde fraca, declínio intelectual progressivo e desajuste social e mental.

As privações sensoriais iniciais têm uma influência marcante no desenvolvimento da criança, que não é facilmente superada mesmo que depois se lhes ofereça um meio estimulante. Os estudos efetuados com as chamadas "crianças selvagens" ilustram bem este ponto. Com animais, muitas são as pesquisas sobre privação sensorial ou quaisquer condições especiais do ambiente no início da vida.

Harlow e Zimmermann estudaram macacos criados por mães verdadeiras e mães substitutas feitas de pano e arame. (Este estudo já foi referido no cap. 6.) Em situações de emergência, os filhotes recorriam à mãe substituta de pano, independentemente de qual delas havia amamentado o animal. Ficou claro que o contato macio e aconchegante representa uma estimulação importante. Mesmo os filhotes criados com a mãe de pano, comparados aos criados com a mãe verdadeira, apresentam, na vida adulta, comportamentos peculiares e anormais. São mais agressivos e antissociais, apresentam desenvolvimento psicomotor deficiente e têm grande dificuldade de manter relações sexuais normais.

Freud foi um dos primeiros estudiosos a chamar a atenção para as experiências traumatizantes, principalmente na primeira infância. Atribuiu grande importância a certas atividades como a de alimentar a criança, o treinamento para o controle dos esfíncteres, educação sexual e o controle da agressão.

Alfred Adler procurou na constelação familiar uma explicação para a personalidade. Cada membro da família tem uma posição diferente que é determinada pelo sexo e pela ordem de nascimento. Essa posição no contexto familiar gera certas características peculiares.

Rosenthal estudou a relação existente entre expectativas dos pais e o nível de aspiração e desempenho dos filhos.

Além das primeiras experiências e do meio familiar, a sociedade exerce poderosa influência sobre a personalidade, particularmente no período da adolescência, quando os grupos de amigos, a escola e a cultura tornam-se poderosos agentes determinantes da personalidade.

Tipos de estudos sobre a questão hereditariedade e meio ambiente

Já se destacou, no cap. 9, a dificuldade e talvez, mesmo, impropriedade de se traçar uma linha demarcatória entre as influências da hereditariedade e ambiente. Estes dois fatores interagem, numa relação multiplicativa, para determinar qualquer característica da personalidade.

No entanto, muitas vezes seria desejável, até por razões práticas, estabelecer o peso da contribuição de cada fator nas *diferenças* encontradas entre os indivíduos. Por exemplo, se a inteligência fosse uma questão preponderantemente genética, tornar-se-iam de pouca utilidade os esforços de muitos programas educacionais que buscam desenvolvê-la.

Apenas pela observação do comportamento de uma pessoa, entretanto, não é possível responder a questões como esta. Para isso, muitos estudos têm sido criativamente elaborados (alguns já foram referidos neste livro).

Os primeiros consistiram em investigar *genealogias familiares*.

Francis Galton, cientista inglês, publicou uma obra em 1869 sobre isto. Estudou um grande número de árvores genealógicas de pessoas ilustres (principalmente entre militares e artistas) e acreditou ter encontrado provas de que a genialidade é herdada. De Candolle, suíço, 1873, escreveu uma espécie de refutação às ideias de Galton. Listou uma série de influências ambientais, tais como riqueza, boa educação, localização geográfica, laboratórios e bibliotecas acessíveis, que teriam influenciado mais de 500 cientistas europeus.

Estes dois estudiosos, infelizmente, cometeram o mesmo tipo de erro. Levados pelo entusiasmo de provar as suas ideias, ignoraram a influência ambiental ou genética.

Os casos dramáticos e raros das chamadas *"crianças selvagens"*, embora sem dados completos, fornecem um exemplo vigoroso da influência do meio ambiente.

Trata-se de crianças que foram encontradas vivendo nas florestas como animais. Os casos mais conhecidos são o do "selvagem de Aveyron", menino de uns 11 anos, encontrado em 1799, ao sul da França; o das "crianças-lobo", duas meninas que viviam com lobos, com 9 e 2 anos aproximadamente, encontradas em 1920, na província de Bengala, na Índia; o caso de "Tamasha", o "rapaz selvagem de Salvador", que possuía muitos comportamentos de macaco.

O estudo destes casos, nem sempre tão detalhados quanto seria desejável, leva a algumas poucas conclusões. Estas crianças desenvolveram comportamentos de certa forma adaptados ao seu ambiente, como certos meios de locomoção, sons linguísticos, reações emocionais. Estes comportamentos, entretanto, estão longe de ser aqueles que conhecemos como humanos. Não existe a linguagem, a conduta social, o raciocínio, pelo menos como os conhecemos.

É possível uma recuperação, até certo ponto, destas crianças, mas quanto maior o tempo em que ficaram isoladas, menor a probabilidade de virem a ser normais.

Experimentos têm sido feitos com animais, em que eles são criados em *condições de isolamento* desde a mais tenra idade, permitindo-se-lhes ou não estimulação sensorial. As observações destes animais, na idade adulta, mostram que eles se tornam pouco adaptáveis, não mostram algumas das reações que se considera típicas das espécies e não resolvem problemas simples de aprendizagem.

O *cruzamento seletivo de animais* (ver exemplo no cap. 9) mostrou que é possível obter, em poucas gerações, descendentes com características bem evidentes: maior ou menor inteligência, agressividade, emotividade, etc.

Com seres humanos, um experimento de *privação sensorial* consiste em colocar pessoas (voluntários) num pequeno compartimento com o menor número de estímulos possível: olhos vendados, ouvidos tapados, mãos e pés cobertos por luvas grossas (BEXTON; HERON; SCOTT). Os sujeitos relatam que em muito pouco tempo tornam-se incapazes de concentrar-se em qualquer coisa e começam a ter alucinações.

Estes estudos enfatizam a necessidade de contato contínuo com o meio ambiente físico e social para um comportamento normal.

Os *gêmeos idênticos* criados em ambientes diferentes constituem um objeto de especial interesse para os psicólogos, pois, sendo sua constituição genética exatamente a mesma, eventuais diferenças observadas no seu comportamento podem ser atribuídas à ação do meio.

Os *gêmeos fraternos*, tão parecidos geneticamente quanto dois irmãos quaisquer, têm, na maioria dos casos, um ambiente muito parecido. (Não é possível falar em ambientes iguais.) No caso de serem detectadas diferenças muito acentuadas no seu comportamento, talvez elas possam ser atribuídas à hereditariedade.

Os *filhos adotivos* também se constituem em excelente material de estudo porque podem ser comparados, segundo muitas características, aos pais verdadeiros e aos pais adotivos. Quando em alguma característica se assemelham mais aos pais verdadeiros, é razoável atribuir a semelhança à hereditariedade; se ocorre o contrário, ao meio.

Os estudos com gêmeos e filhos adotivos têm investigado, com maior frequência, os efeitos da hereditariedade e meio sobre a inteligência, mas procurando-se fazer uma síntese das suas descobertas, os gêmeos idênticos criados em ambientes diferentes (apesar de não se poder estabelecer em quanto) têm mostrado notável semelhança em estrutura física, inteligência e execução motora. Gêmeos fraternos, assim como outros irmãos que crescem juntos, são muitos mais semelhantes do que os que crescem separados; os filhos adotivos são mais semelhantes, no que se refere à inteligência, aos pais verdadeiros do que aos pais adotivos.

Estas conclusões parecem apoiar a tese da maior influência da hereditariedade, mas quando, com estes mesmos sujeitos, se investiga as atitudes sociais e os interesses, verifica-se que eles são determinados basicamente pelo meio.

A comparação entre as personalidades das pessoas criadas em *culturas diferentes* (ver exemplo no cap. 3) revela a grande diferença estabelecida pelas condições diferentes de criação, hábitos, valores e práticas sociais, atestando a importância do meio.

Medida da personalidade

Tendo-se aprendido o conceito de personalidade, tendo-se dado conta da amplitude deste conceito, um subtítulo como este "mensuração da personalidade" há de causar espanto. Será possível medir *tudo* o que nós somos?

A resposta, obviamente, é não. Entretanto, os cientistas desenvolveram algumas maneiras de medir alguns aspectos da personalidade e estas maneiras receberam a denominação de testes de personalidade.

Assim, alguns testes avaliam a inteligência, outros as atitudes, os valores, as dimensões introversão-extroversão, etc.

Uma avaliação formal e cuidadosa de alguns aspectos da personalidade é recomendada quando decisões importantes estão em pauta no caso de tratamento psiquiátrico, admissão e promoção no trabalho, planejamento educacional e vocacional. Sem dúvida, não se trata de tarefa fácil: há muitos problemas técnicos e éticos envolvidos nessa tarefa.

Os principais testes de personalidade são: entrevistas, escalas de avaliação, inventários, testes projetivos e situacionais.

A *entrevista*, que pode ser mais ou menos estruturada, consiste num diálogo que possui propósito definido. Sem dúvida, o treinamento do entrevistador determinará em grande parte a validade dessa técnica. Deve-se ter presente que o comportamento do entrevistador pode interferir nas respostas do entrevistado.

As *escalas de avaliação gráfica*, que podem ser respondidas pela própria pessoa ou por outra, solicitam ao avaliador que registre num determinado ponto do gráfico o seu julgamento referente ao indivíduo que está sendo objeto de análise.

Exemplo: Como as pessoas reagem à sua presença?

O *inventário de personalidade* é um questionário bastante extenso e minucioso que o indivíduo responde fornecendo informações sobre si mesmo. Pode visar a medir um único, ou vários traços de personalidade. A maior dificuldade relacionada aos inventários é a possibilidade que oferecem de se responder de acordo com o que se julga ser socialmente aceito. A pessoa não precisa ser muito inteligente para perceber o que é recomendável como resposta. Para evitar essas possíveis falsificações os estudiosos têm elaborado indicadores de falsificação.

O Inventário Multifásico de Personalidade de Minnesota (MMPI), composto de 495 itens, representa um exemplo clássico de inventário. Eis algumas das afirmações que devem ser tomadas como verdadeiras, falsas, ou "não posso dizer":

– Não gosto de toda a gente que conheço.

– Alguém tentou roubar-me.

– Sou perturbado por acessos de náusea e vômito.

– Disseram-me que costumo caminhar durante o sono.

O MMPI possui as seguintes escalas: Hipocondria, Depressão, Histeria, Psicopatia, Masculinidade, Paranoia, Psicastenia, Esquizofrenia, Hipomania e Introversão Social.

Outros exemplos de inventários são: a Tabela de Preferências Pessoais de Edwards (EPPS), o Teste 16 FP de Cattel, o Estudo de Valores Allpor – Vernon – Lindzey.

Os *testes projetivos* caracterizam-se por respostas a estímulos pouco estruturados e bastante ambíguos. Esses estímulos provocam uma evocação da personalidade. O objetivo dos testes projetivos é a revelação de aspectos inconscientes e profundos da personalidade.

O teste de borrão de tinta de Rorschach e o Teste de Apercepção Temática (TAT) representam exemplos clássicos de técnicas projetivas. O TAT consiste basicamente em solicitar ao sujeito que, diante de quadros ambíguos, representando pessoas em variadas situações, conte uma história. O indivíduo é orientado pelas questões: "O que está acontecendo?", "O que foi que provocou a cena?" e "Qual seria o desfecho?"

Os testes projetivos fundamentam-se no seguinte pressuposto: As respostas provocadas pelos estímulos apresentados são pertinentes à personalidade do indivíduo e se referem a conteúdos profundos que o sujeito, normalmente, resiste em revelar ou desconhece totalmente. Ao responder aos estímulos o indivíduo projeta sua personalidade.

No *teste situacional,* psicólogos observam o comportamento do indivíduo numa situação simulada da vida real. O pressuposto básico é que a reação do sujeito diante desta situação representa sua reação à vida normal. Nos últimos anos esta técnica vem sendo muito empregada e oferece boas perspectivas.

Questões
1. O que se entende, em Psicologia, por "personalidade"?
2. Em que sentido as concepções populares divergem e se parecem com a concepção científica sobre a personalidade?
3. Quais são os princípios, sobre a personalidade, que foram identificados nas definições do termo? Explicá-los.
4. Quais são os dois grandes fatores formadores da personalidade? Como, de maneira geral, eles exercem sua influência sobre a personalidade e como se relacionam para determiná-la?
5. Como a hereditariedade estabelece diferenças e semelhanças entre as pessoas?
6. Qual é a distinção entre hereditariedade da espécie e hereditariedade individual? Ilustrar a resposta com exemplos da influência de cada um dos "tipos" de hereditariedade.
7. Apontar algumas das influências do meio físico e social sobre a formação da personalidade.
8. É possível, literalmente, medir a personalidade? Explicar a resposta.
9. Nomear e descrever as diferentes maneiras de medir a personalidade.

CAPÍTULO 12
Teorias da personalidade

OBJETIVOS DE APRENDIZAGEM

Depois de estudar este capítulo, você deverá ser capaz de:
- explicar por que existem tantas teorias da personalidade;
- descrever as ideias centrais da Teoria Constitucional de Sheldon;
- caracterizar a Teoria Psicanalítica de Freud quanto aos métodos de estudo, estrutura e dinâmica da personalidade, níveis de consciência e estágios psicossexuais;
- caracterizar a Teoria Humanista de Rogers referindo-se aos seus conceitos básicos e à terapia dela derivada;
- explicar como a Teoria da Aprendizagem concebe a personalidade;
- comparar as teorias estudadas entre si;
- apontar, a respeito de cada teoria estudada, os aspectos que têm sido considerados de valor e as críticas que têm recebido.

Introdução: Teoria ou teorias? Por quê?

Existem muitas e diferentes definições de "personalidade"; no entanto, o conceito de personalidade como "o conjunto de comportamentos peculiares do indivíduo" é aceito pela maioria dos estudiosos.

Os psicólogos têm, então, o mesmo conceito de personalidade (maneiras distintivas pelas quais a pessoa se comporta), o mesmo objeto de estudo (o comportamento do homem) e, de um modo geral, as mesmas metas (descrever, compreender e prever o comportamento).

Por que razão, se assim é, os psicólogos produziram *tantas* e tão *diferentes teorias da personalidade*?

"Uma teoria é um sistema conceptual bem coordenado que objetiva dar coerência racional a um corpo de leis empíricas conhecidas, das quais se podem deduzir teoremas cujos valores preditivos podem ser aprovados" (ALLPORT apud CUELLI & REILL, 1974, p. 15).

Uma teoria da personalidade seria, então, a organização cuidadosa do conjunto total de conhecimentos sobre o comportamento, suficientemente compreensiva para abranger e predizer a conduta humana, ou boa parte dela.

A conduta humana é, no entanto, reconhecidamente complexa. Esta parece ser a principal razão para a existência de tantas teorias da personalidade.

O comportamento não é determinado por um único fator e sim por muitos, e de natureza diversa.

Diante de tão amplo e complexo campo de investigação, diferentes grupos de estudiosos enfatizaram espécies diferentes de observações, *diferentes aspectos do comportamento* o que, inevitavelmente, se refletiu em diferentes espécies de teorias da personalidade.

Além desta, outra razão pode ser o fato dos teóricos da personalidade usarem *instrumentos diversos* em seus estudos, diferentes fontes para obter seus dados, o que também se traduz em diferentes teorias da personalidade.

Assim, apesar de entenderem "personalidade" mais ou menos da mesma maneira, os estudiosos diferem quanto ao aspecto ou tipo de comportamento enfocado e quanto à forma de estudá-lo.

Poder-se-ia concluir com Peck e Whitlow (1976, p. 13): "não existe, portanto, uma teoria da personalidade, no sentido de que uma teoria abrange todos os aspectos do comportamento humano, mas existem muitas teorias cuja principal área de interesse se situa no domínio da personalidade".

Vamos estudar, a seguir, de forma breve, algumas das mais conhecidas teorias da personalidade.

Teoria constitucional de Sheldon

Sob o ponto de vista histórico, as primeiras tentativas para descrever a personalidade consistiram em classificar os homens em várias categorias, segundo suas características orgânicas.

Uma teoria deste tipo foi proposta por Hipócrates, aproximadamente no ano de 400 a.C. Hipócrates classificou 4 tipos de homens, segundo o "humor" que existisse em maior proporção no corpo do indivíduo. Assim, o *melancólico* (humor predominante: bílis negra) seria propenso à tristeza, taciturno; o *colérico* (bílis amarela) seria o excitável e irascível; o *sanguíneo* (sangue), o ativo e jovial; e o *fleumático* (fleuma) vagaroso e não-emotivo.

Nada disso corresponde aos atuais conhecimentos fisiológicos, mas serve para ilustrar a tentativa de explicar a personalidade a partir de uma base fisiológica.

Em época mais recente (1940) foi elaborada por Sheldon uma técnica para medir as variadas proporções dos tipos somáticos básicos, de onde se originou a TEORIA CONSTITUCIONAL.

William Herbert Sheldon nasceu em Warwick, Rhode Island, Estados Unidos, a 19 de novembro de 1898, e criou-se em uma fazenda. "O ambiente rural dos primeiros anos de vida e a família e a íntima amizade com seu pai, que era naturalista e criador de animais, tiveram influência duradoura sobre seus valores pessoais e suas ideias a respeito do comportamento humano" (HALL & LINDZEY, 1973, p. 379).

Ao procurar estabelecer uma relação entre o comportamento e a compleição física, Sheldon apoiou-se na convicção de que o fenótipo (aspecto externo da pessoa) é determinado por um processo biológico hipotético, chamado de morfogenotipo. Medindo o físico, Sheldon buscou avaliar, de forma indireta, o morfogenotipo.

Os dados que obteve com suas pesquisas fizeram-no dividir os tipos corporais em três categorias, cada qual com seu tipo de personalidade, ou temperamento, correspondente.

O quadro 12.1. procura mostrar esta classificação de forma resumida.

TIPO FÍSICO	ENDOMÓRFICO: arredondado, musculatura e ossatura pouco desenvolvidas, atividade predominantemente visceral.	MESOMÓRFICO: rijo, músculos e ossos bastante desenvolvidos, atlético.	ECTOMÓRFICO: geralmente alto, delgado, frágil, ossatura pequena.
TIPO DE PERSONALIDADE	VISCEROTÔNICO: sociável, aprecia o conforto, boa mesa e bebida, é afetuoso.	SOMATOTÔNICO: ativo e vigoroso, gosta de exercício físico e aventuras, tem maneiras francas e agressivas.	CEREBROTÔNICO: retraído e inibido, comedido, aprecia o trabalho intelectual e é avesso aos contatos sociais.

Quadro 12.1 – Tipologia de Sheldon

Existiriam raramente, no entanto, os tipos puros. A maioria das pessoas poderia ser classificada em uma destas categorias como tipo predominante, mas também possuiria, em menor grau, características dos demais tipos.

Sheldon, em suas pesquisas, encontrou um alto grau de correlação entre as medidas de constituição somática e a classificação dos indivíduos quanto às características de comportamento, apesar de que investigações posteriores, por outros estudiosos, não confirmaram seus resultados.

Não há dúvidas de que Sheldon fez uma contribuição importante para a Psicologia ao mostrar a existência de algum tipo de relação entre o físico e a personalidade.

Hoje, no entanto, questiona-se a direção desta relação. Para Sheldon, o físico determina a maneira característica do indivíduo se comportar, mas isto não poderia ser na direção inversa? Por exemplo, o fato do somatotônico praticar esportes não seria a causa (em vez do efeito) do seu tipo atlético? Ou, ainda, nas palavras de Max e Hillix (1974, p. 511), "mais logicamente, haverá um processo bidirecional cujas inter-relações exatas ainda não foram apuradas?"

Teoria psicanalítica de Freud

A Teoria Psicanalítica tem em Sigmund Freud seu fundador e maior representante.

De origem judaica, Freud nasceu em 6 de maio de 1856 na cidade de Freiburg que na época pertencia à Áustria. Aos 4 anos partiu com sua família para Viena, onde passou a maior parte de sua vida. Um ano antes de sua morte foi para a Inglaterra, em virtude da perseguição aos judeus. Lá, em 23 de setembro de 1939, com 83 anos, faleceu em consequência de um câncer na boca, adquirido, provavelmente, devido ao hábito de fumar cerca de 20 charutos por dia.

Em Viena, Freud inicia sua carreira como médico neurologista. Os problemas psicológicos, no entanto, logo chamam sua atenção e é a eles que dedica seus estudos.

A partir do estudo do comportamento anormal, usando o estudo de caso, Freud constrói uma sistemática e bem acabada teoria para explicar a personalidade normal e anormal.

Métodos de estudo

Como médico neurologista, inicialmente, Freud usou a *hipnose* no tratamento de seus pacientes, método empregado na época.

Durante o sono hipnótico, constatou o aparecimento e desaparecimento de sintomas histéricos tais como paralisias, cegueiras e outros. Freud concluiu que tais fenômenos não tinham um comportamento físico ou neurológico como acreditavam os médicos da época. Então, Freud foi em busca da origem psíquica dos distúrbios comportamentais.

Freud observou que, após o sono hipnótico, os pacientes adotavam condutas que lhes eram sugeridas quando inconscientes. Dali concluiu que a conduta humana poderia ser influenciada não somente pelos conteúdos psíquicos conscientes mas também inconscientes. Com esta descoberta, Freud mudou o centro de interesse da psicologia da época, do consciente para o inconsciente.

Mas apesar de aprender muitas coisas a respeito dos problemas e dificuldades dos pacientes, através da hipnose, Freud concluiu que o que aprendia aparentemente não ajudava muito os pacientes. Mesmo que o terapeuta tivesse uma ideia clara dos conteúdos inconscientes que perturbavam o paciente, este conhecimento não ajudava o paciente.

Aos poucos, Freud criou a técnica que se tornou o processo padronizado da psicanálise: o *método catártico* ou de *associação livre*. Em que consiste este método? O paciente recebe instruções para dizer tudo o que lhe ocorrer no momento, mesmo as ideias que lhe parecem repugnantes, insignificantes ou portadoras de ansiedade, sem tentar dar lógica ou coerência à sequência de ideias.

O papel do terapeuta é aparentemente passivo, porque ele apenas ouve e estimula com perguntas quando o paciente se cala, mas não interrompe se ele está falando. Para facilitar o fluxo verbal desinibido e evitar distrações, o paciente fica deitado num divã e o local é silencioso.

Com o uso deste procedimento, Freud notou o desaparecimento de muitos sintomas de desajustamento. Seria a "cura pela fala". Este procedimento permitiu a Freud concluir também que cada ocorrência está relacionada, de alguma forma, a outra anterior e assim por diante, de forma significativa.

Tudo o que o paciente diz está relacionado com o que disse anteriormente, de modo que a análise atenta do psicanalista pode identificar a significação inconsciente da sua verbalização. Além disso, as associações levam, ordinariamente, às ocorrências da primeira infância.

A existência do inconsciente constitui um dos pilares básicos da teoria e prática psicanalíticas. Esta foi uma descoberta original. Antes do nascimento da psicanálise acreditava-se na completa equivalência entre o psiquismo e a consciência, o único objeto da psicologia era a consciência. Para Freud não existe equivalência entre psiquismo e consciência; apenas se pode falar do psiquismo inconsciente. Portanto, o inconsciente é o verdadeiro objeto da investigação psicológica. Assim sendo, a PSICANÁLISE converteu-se em uma nova ciência, pois ela reúne dois elementos básicos: um novo objeto para a investigação – O INCONSCIENTE e um método apropriado para a levar a cabo – O MÉTODO DA ASSOCIAÇÃO LIVRE.

A *análise dos sonhos* e o estudo dos *atos falhos* também podem ser considerados métodos da teoria psicanalítica, constituindo-se em rica fonte de informações sobre a dinâmica da personalidade, especialmente sobre os conteúdos inconscientes reprimidos.

Vejamos o que o próprio Freud nos diz: "Trabalhar sobre as ideias que ocorrem aos pacientes, quando se submetem à regra principal da psicanálise, não é nosso único método técnico de descobrir o inconsciente. Dois outros procedimentos atendem o mesmo propósito: a interpretação dos sonhos dos pacientes e a exploração de suas ações falhas ou casuais..." (FREUD in STAFFORD-CLARK, 1978, p. 33).

Estrutura e dinâmica da personalidade

A personalidade é composta por três grandes sistemas: o id, o ego e o superego.

Id – O id é a única fonte de toda energia psíquica (libido). É de origem orgânica e hereditária. Apresenta a forma de instintos inconscientes que impulsionam o organismo. Há dois tipos de instintos: de vida, tais como fome, sede e sexo; e os de morte, que apresentam a forma de agressão.

O id não tolera a tensão. Se o nível de tensão é elevado, age no sentido de descarregá-la. O princípio de redução de tensão, pela qual o id opera, chama-se princípio do prazer. O id, no entanto, não conhece a realidade objetiva, por isso não pode satisfazer as necessidades do organismo. Surge, então, o ego.

Ego – Existe porque são necessárias transações apropriadas com o mundo objetivo da realidade. O ego opera pelo princípio da realidade.

Para realizar suas funções, isto é, procurar satisfazer objetivamente as necessidades do id, o ego tem o controle de todas as funções cognitivas como perceber, pensar, planejar e decidir.

Superego – É o representante interno das normas e valores sociais que foram transmitidas pelos pais através do sistema de castigos e recompensas imposto à criança.

Com a formação do superego, o controle dos pais é substituído pelo autocontrole. O superego nos pune (através do remorso, do sentimento de culpa) quando fazemos algo de errado, e também nos recompensa (sentimos satisfação, orgulho) quando fazemos algo meritório.

As principais funções do superego são: inibir os impulsos do id (principalmente os de natureza agressiva e sexual) e lutar pela perfeição.

De uma maneira geral, o id pode ser considerado o componente biológico da personalidade, o ego, o componente psicológico e o superego o componente social.

Os três sistemas da personalidade não devem ser considerados como manequins independentes que governam a personalidade.

Cada um deles tem suas funções próprias, seus princípios, seus dinamismos, mas atuam um sobre o outro de forma tão estreita que é impossível separar os seus efeitos.

O comportamento do adulto normal é o resultado da interação recíproca dos três sistemas, que, em geral, não colidem e nem têm objetivos diversos.

Níveis de consciência

Um conteúdo mental qualquer pode estar, para Freud, em um dos três níveis de consciência: consciente, pré-consciente e inconsciente.

O *consciente* inclui tudo aquilo de que estamos cientes num determinado momento.

O pré-consciente (ou subconsciente) se constitui nas memórias que podem se tornar acessíveis a qualquer momento, como, por exemplo, o que você fez ontem, o teorema de Pitágoras, o seu endereço anterior, etc. É uma espécie de "depósito" de lembranças à disposição quando necessárias.

No *inconsciente* estão elementos instintivos e material reprimido, inacessíveis à consciência e que podem vir à tona num sonho, num ato falho ou pelo método da associação livre.

Existe relação entre os três sistemas da personalidade e os três níveis de consciência, como mostra a figura 12.1.

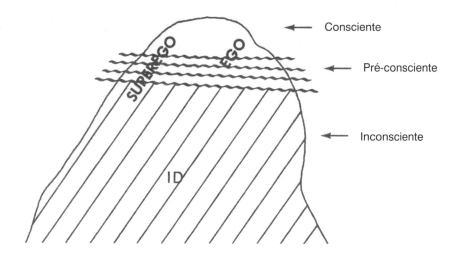

Fig. 12.1 – Níveis de consciência e sistema da personalidade na teoria psicanalítica

É a clássica comparação do aparelho mental com um *iceberg*, onde a parte acima do nível da água representaria o consciente; a região que ora está submersa e ora não, o pré-consciente e, toda a parte submersa, a maior porção da vida mental, o inconsciente.

O id é totalmente inconsciente, o ego é tanto consciente quanto pré-consciente e o superego está presente nos três níveis, já que não temos consciência de todas as regras sociais internalizadas.

Desenvolvimento psicossexual

A teoria de Freud é essencialmente desenvolvimentista. A formação da personalidade está relacionada ao processo de desenvolvimento do instinto sexual, processo que se inicia logo no primeiro ano de vida.

Freud supunha que as diferenças individuais no ser humano estão marcadas pelo desenvolvimento destes estádios e acreditava numa vida sequencial dos mesmos.

Na *fase oral* (primeiro ano de vida) a criança satisfaz sua necessidade sexual pela boca. Obtém o prazer através da sucção.

Cabe, aqui, uma explicação do termo sexual, entendido por Freud com um sentido bem mais amplo do que o usual. A função biológica da sexualidade é a procriação e a preservação da espécie, mas a motivação para os comportamentos que preservam a espécie é o prazer do ato. Estão incluídos nestes atos: a relação sexual na idade adulta, o próprio ato de alimentar-se, de sugar na infância e muitos outros como os que representam o amor dos pais pelos filhos.

Na fase oral, portanto, as atividades que se desenrolam em torno da boca são as que proporcionam mais prazer. No caso da criança não resolver adequadamente os problemas desta fase, ou seja, não experimentar a satisfação adequada, poderá tornar-se fixada nas atividades orais e procurar, durante o resto da vida, obter prazer através da boca vindo a ser, por exemplo, um fumante inveterado, um guloso ou um tagarela.

Na *fase anal* (segundo e terceiro ano de vida), a criança experimenta satisfação em expulsar as fezes ou em retê-las. Uma fixação nesta fase pode explicar traços da personalidade adulta como obsessividade com limpeza a arrumação, avareza ou outros.

Na *fase fálica* (do terceiro ao quinto ano de vida), a criança descobre seu sexo. Experimenta prazer ao manusear os órgãos genitais.

Este estágio é importante porque é o período em que Freud situa o Complexo de Édipo. A criança ama o genitor do sexo oposto, sente ciúmes do genitor do mesmo sexo porque este está lhe roubando o amor daquele. Ao mesmo tempo, tais sentimentos trazem ansiedade. Para resolver o conflito, aliviar a ansiedade, a criança identifica-se com o genitor do mesmo sexo, incorporando as características do papel típico masculino ou feminino e os valores morais sociais. A não resolução do conflito edipiano é considerada como a causa de grande parte das neuroses. O homossexualismo pode ter, também, suas origens nesta fase.

A *fase de latência* (do quinto ao décimo segundo ano de vida) corresponde, em geral, aos anos de escola, nos quais há um antagonismo típico entre meninos e meninas. Há uma supressão (resultado da representação) dos impulsos sexuais, a construção do pensamento lógico e o controle da vida psíquica pelo princípio da realidade.

A *fase genital* (do décimo segundo ano em diante) surge quando o adolescente passa a voltar-se para as outras pessoas e coisas, deixando de ser, para si mesmo, o objeto de maior interesse. É o início e a continuação das ligações heterossexuais, do interesse pelas atividades humanas adultas, do assumir o seu papel no mundo social.

Considerações a respeito da Teoria Psicanalítica

É preciso levar em consideração, ao se apreciar a Teoria Psicanalítica, as características da época e da sociedade em que Freud viveu. Tratava-se de uma sociedade puritana, o assunto sexo não era sequer mencionado. É natural que grande número de pacientes apresentasse distúrbios de comportamento com esta origem: a repressão de conteúdos de natureza sexual; e é também natural que Freud concluísse, a partir daí, da grande importância do sexo para a conduta humana.

É razoável supor que se Freud tivesse vivido em outra época ou outra sociedade em que o sexo fosse um assunto trivial e uma atividade não reprimida, o sexo não teria tido esta ênfase no conjunto total da sua teoria.

A Teoria Psicanalítica não ficou acabada com as descobertas de Freud. Seus discípulos continuaram seus estudos e hoje existem diversas correntes dentro da teoria. De uma maneira geral, as novas tendências colocam maior ênfase nos determinantes não instintivos da personalidade; diminuiu-se principalmente a importância do instinto de morte. Também se tem procurado fazer estudos experimentais das proposições psicanalíticas, o que, sem dúvida, não é tarefa fácil.

Apesar de se reconhecer hoje a inadequação de algumas ideias freudianas, outras têm sido cada vez mais corroboradas. Entre elas, pode-se considerar valiosas as descobertas de Freud a respeito da possibilidade de uma determinação inconsciente para as ações e sentimentos e da importância das primeiras experiências para um comportamento adulto ajustado.

Das descobertas de Freud surgem, assim, importantes consequências para a educação infantil, tais como: maior assistência à criança, maior indulgência e permissividade para com seus comportamentos em geral.

As críticas mais severas que a teoria tem recebido se referem, principalmente, aos procedimentos empíricos pelos quais Freud validava suas hipóteses. Ele tomava notas após as sessões com seus pacientes, o que, talvez, o fizesse incorrer em falhas e omissões. Além disso, seus relatos mostram resultados finais, sem os dados originais, o que não permite analisar a validade da conclusão e muito menos reproduzir o estudo.

A teoria, como um todo, é ainda criticada por não permitir predizer, mas apenas explicar *a posteriori* determinados comportamentos.

Teoria Humanista de Rogers

Carl Rogers, fundador do aconselhamento não diretivo ou aconselhamento centrado no cliente, nasceu em Oak Park, Illinois, a 8 de janeiro de 1902. Criou-se numa fazenda, num lar muito religioso. Após sua graduação como bacharel da Universidade de Wisconsin, em 1924, matriculou-se no Union Theological Seminary, cidade de Nova Iorque. Assistindo alguns cursos de psicologia na Universidade de Columbia, resolveu abandonar seus estudos religiosos e tornar-se psicólogo clínico. Após obter o Ph.D., em 1931, desta universidade, Rogers trabalhou em uma clínica de aconselhamento em Rochester durante nove anos. A nomeação de Professor de Psicologia no Ohio State University, em 1940, deu-lhe possibilidades para desenvolver suas ideias sobre aconselhamento em colaboração com inúmeros universitários graduados. De lá, transferiu-se para o Centro de Aconselhamento da Universidade de Chicago e, a seguir, para a Universidade de Wisconsin, onde realizou trabalhos importantes referentes à psicoterapia com esquizofrênicos. Atualmente Rogers trabalha no Cento de Estudos da Pessoa na Califórnia.

Conceitos básicos

O elemento central da teoria de Rogers é o conceito de "eu" (*self*).

A importância do "eu" foi percebida por Rogers através de sua experiência pessoal com clientes em psicoterapia. Os problemas dos clientes parecem decorrer frequentemente de incompatibilidade ou incongruências na maneira como se veem.

O "eu" na teoria de Rogers é o padrão organizado de percepções, sentimentos, atitudes e valores que o indivíduo acredita ser exclusivamente seu. É o conjunto de características que definem "eu" e "a mim". Assim, o "eu" e o componente central da experiência total do indivíduo" (PECK & WHITLOW, 1976, p. 40-41).

O conceito de "eu" se refere, então, de maneira geral, à autoimagem ou a uma conscientização de si mesmo.

O conceito de "eu ideal" (*ideal self*) é importante, também, na teoria rogeriana. Significa a pessoa tal como ela gostaria de ser. Os indivíduos bem ajustados seriam aqueles que possuem uma correspondência muito estreita entre o "eu" e o "eu ideal".

O motivo básico da atividade do organismo é a realização, manutenção e o enriquecimento do "eu".

Rogers acredita que os seres humanos têm uma tendência natural para desenvolver todas as suas capacidades. É o que chama de "tendência para a realização", o esforço no sentido da congruência entre o "eu" e a experiência.

Quando existe harmonia e consistência entre o "eu" e as experiências do indivíduo, este se mantém "congruente".

Quando, no entanto, se verifica uma discrepância entre o "eu" e a experiência concreta, o indivíduo fica em estado de "incongruência", o qual redunda em tensão e desajuste. Por exemplo, uma pessoa pode se perceber como digna de estima e amigável e, no entanto, encontrar muitas expressões de hostilidade, por parte dos outros.

A maioria das experiências são conscientemente percebidas pelo indivíduo, mas também se admite que poderão permanecer inconscientes as experiências excessivamente ameaçadoras para o conceito de ""eu" do indivíduo.

À medida que mais experiências deixam de ser conscientizadas, o "eu" perde contato com a realidade e o indivíduo torna-se cada vez mais desajustado.

A necessidade de atenção, aprovação, amor, simpatia, respeito das outras pessoas é uma das necessidades mais importantes do ser humano e pode se tornar tão poderosa, segundo Rogers, que chega a suplantar as necessidades biológicas mais fundamentais do organismo.

Terapia centrada no cliente

Em muitos aspectos, a teoria de Rogers é uma teoria psicoterápica. Ele procurou estabelecer claramente as condições que seriam necessárias para produzir uma mudança de personalidade.

Quando o indivíduo se encontra em estado de incongruência, está vulnerável à ansiedade, à depressão e estas levam a comportamentos defensivos e não adaptativos.

O terapeuta, para auxiliá-lo, precisa oferecer-lhe "atenção positiva incondicional", isto é, aceitá-lo independentemente dos seus atos e sentimentos e, também, "compreensão empática". Empatia é a percepção acurada dos pensamentos e sentimentos de outra pessoa, no caso, do cliente.

O indivíduo, nesta terapia, é considerado o melhor especialista em si mesmo e seus enunciados e depoimentos a seu respeito são a matéria-prima da terapêutica.

A principal função do terapeuta é refletir de forma acurada as emoções do cliente, para que este possa reconhecer e compreender melhor seus próprios sentimentos.

O terapeuta não deve apresentar sugestões, aprovar ou censurar o cliente, isto é, o seu papel é não-diretivo.

Assim, a terapia não-diretiva cria uma situação que favorece a aceitação, pelo cliente, de suas experiências, porque o "eu" não é ameaçado em momento algum e as informações sobre as experiências nunca são rejeitadas ou menosprezadas pelo terapeuta. Em outras palavras, a relação terapêutica favorece a congruência entre o seu "eu real" e o seu "eu ideal", tornando-o menos defensivo e ansioso.

Considerações sobre a Teoria Humanista

A Teoria Humanista recebe esta denominação justamente pelo valor emprestado à pessoa como ser humano. Enfatiza noções como as de livre-arbítrio, responsabilidade e escolha.

É criticada, no entanto, por se apoiar excessivamente nos processos cognitivos conscientes, com relativo desprezo pelos aspectos inconscientes do comportamento.

Além disso, as pessoas raramente conhecem toda a verdade a respeito de si mesmas, por isso as autodescrições nas quais se baseia o estudioso desta teoria são passíveis de distorções, falhas e omissões.

Segundo Peck e Witlow (1976, p. 48) "o principal mérito da abordagem de Rogers do conceito de "eu" foi sua ênfase na avaliação e pesquisa. A teoria só é elaborada num ritmo compatível com o crescimento dos dados experimentais".

A personalidade e a teoria da aprendizagem

Esta bordagem teórica supõe que o estudo da personalidade é uma parte do campo geral do estudo sobre a aprendizagem.

"Uma vez que a grande maioria dos comportamentos do homem é aprendida, uma compreensão fundamental da personalidade decorre, antes de tudo, de nossas observações acerca de como e sob que condições esses comportamentos são adquiridos" (LUNDIN, 1974, p. 31).

Assim, os tipos particulares de comportamento adquiridos durante o nosso desenvolvimento constituem o nosso comportamento peculiar e formam a nossa própria personalidade.

Está claro que esta teoria despreza, em grande parte, as variáveis genéticas da personalidade, explicando a conduta em termos de efeitos ambientais.

Skinner é uma figura exponencial dessa corrente apesar de não ter dirigido sua atenção, de modo específico, para o campo da personalidade. No entanto, seus estudos sobre o condicionamento operante desempenharam um papel central na teoria condutista da personalidade. Os conceitos de reforço, extinção e generalização (estudados no cap. 8) são básicos para explicar a aquisição dos comportamentos próprios do indivíduo.

Outro estudioso que poderia ser incluído nesta abordagem é Bandura, com suas pesquisas sobre aprendizagem observacional (também já referido no cap. 8).

Em certos aspectos, há uma semelhança entre as teorias da aprendizagem e psicanalítica. Ambas são teorias desenvolvimentistas, destacam a importância das primeiras experiências na formação da personalidade e postulam que a personalidade é determinada a partir das experiências passadas. A própria noção freudiana de "internalização" poderia ser, muitas vezes, substituída pela palavra "aprendizagem".

Na verdade, não só na Teoria Psicanalítica, mas em praticamente todas as outras teorias, há a noção da aprendizagem como um dos principais determinantes da personalidade, embora não coloquem toda a ênfase neste fator, como o faz a teoria de Skinner e de outros teóricos da aprendizagem.

Questões
1. Por que existem várias teorias da personalidade?
2. Citar e caracterizar os três tipos corporais e os três temperamentos correspondentes, conforme a Teoria Constitucional de Sheldon.
3. Qual a questão que se coloca, hoje, a respeito da Teoria de Sheldon?
4. Apontar os diferentes métodos de estudo que levaram à formulação da Teoria Psicanalítica, explicando mais detalhadamente o da associação livre.
5. Nomear e caracterizar os três sistemas da personalidade segundo a concepção psicanalítica e referir-se às relações que estabelecem entre si e com os três níveis de consciência.

6. Descrever os estágios psicossexuais estabelecidos pela Teoria Psicanalítica e referir-se à sua importância para o posterior comportamento adulto normal.
7. Considerar a respeito da ênfase da teoria de Freud na motivação sexual humana.
8. Em que consiste o "eu" rogeriano?
9. Qual o motivo básico da atividade do organismo, segundo Rogers?
10. De acordo com Rogers, de onde provém o desajustamento da personalidade?
11. Em que consiste a Terapia Centrada no Cliente?
12. Como a Teoria da Aprendizagem explica a formação da personalidade?
13. Quais os aspectos em que se poderia estabelecer semelhanças e/ou diferenças entre as teorias estudadas? Explicar a resposta formulada.
14. A respeito de cada teoria estudada apontar aspectos positivos e críticas que lhes têm sido dirigidas.

CAPÍTULO 13
Conflito, frustração e ajustamento

OBJETIVOS DE APRENDIZAGEM

Após estudar o presente capítulo você deverá ser capaz de:
- conceituar conflito e exemplificar cada um dos três tipos de conflito;
- apontar as principais fontes de frustrações e explicar as respostas mais comuns à frustração;
- distinguir medo de ansiedade;
- apontar 4 situações que geralmente provocam muita ansiedade;
- dissertar brevemente sobre a função dos mecanismos de defesa;
- exemplificar os principais mecanismos de defesa;
- caracterizar a personalidade normal ou ajustada.

Introdução

A personalidade, à medida que se desenvolve, enfrenta uma série de problemas e situações novas às quais se deve adaptar ou com as quais deve conviver. Estes problemas geram estados psicológicos conhecidos com o nome de conflitos, frustrações e ansiedades.

Alguns imaginam que a diferença entre a pessoa normal e a anormal reside no fato de que as primeiras não têm os problemas citados acima, enquanto as últimas, sim. Isso, contudo, não é verdade. Os conflitos, as frustrações e as ansiedades estão presentes na vida de todo e qualquer ser humano. Até determinado grau, esses problemas são inerentes à vida e indicam até normalidade. Independentemente de quem somos e da quantidade e qualidade de nossas energias psíquicas, haverá sempre motivos não satisfeitos, barreiras a superar, escolhas a fazer, adiamentos a tolerar e objetos e situações a temer. Ajustamento designa precisamente a tarefa realizada pela personalidade para superar esses problemas e/ou conviver com os mesmos.

Conflito

Estamos diante de um conflito quando há dois motivos incompatíveis querendo assumir a direção de nosso comportamento. Denomina-se conflito o estado psicológico decorrente da situação em que a pessoa é motivada, ao mesmo tempo, para dois comportamentos incompatíveis. Se a pessoa pudesse atender aos dois motivos, não haveria conflito. O conflito nasce precisamente da necessidade de se fazer uma escolha, uma opção. A satisfação de um motivo leva automaticamente ao bloqueio e frustração do outro. Kurt Lewin define conflito como sendo o resultado da oposição de duas forças igualmente fortes.

Na vida real, os conflitos experimentados são muito complexos, podendo envolver um, dois, três ou mais motivos-meta ao mesmo tempo. Porém, geralmente se classifica os conflitos em três tipos básicos: aproximação – aproximação, afastamento – afastamento e aproximação – afastamento.

Conflito aproximação – aproximação, ocorre quando o indivíduo se sente motivado ao mesmo tempo para duas metas positivas que se excluem mutuamente. Exemplos: o jovem que precisa optar entre duas carreiras universitárias, igualmente atraentes. O recém-graduado a quem se oferece dois empregos bons. Em geral este tipo de conflito se resolve, após determinado período de indecisão. A decisão pode ser mais ou menos dolorosa, dependendo da importância do assunto sobre o qual se deve tomar a decisão.

O conflito afastamento – afastamento, resulta da ocorrência de duas alternativas indesejáveis. Exemplo: o adolescente deseja sair da casa dos pais, pois o ambiente lhe parece por demais repressivo, mas não tem condições de enfrentar as exigências financeiras da decisão. Seria fácil resolver o impasse e não haveria conflito se ambas as alternativas pudessem ser abandonadas, mas as circunstâncias obrigam o indivíduo a uma decisão, uma escolha, nascendo então a tensão, a ansiedade e a frustração.

O conflito aproximação – afastamento envolve um mesmo objeto para o qual nos sentimos ao mesmo tempo atraídos e repelidos. O objeto é desejado e indesejado. A situação contém elementos positivos e negativos. Nasce, então, a ambivalência. Este conflito poderia ser exemplificado pelo adolescente tímido que quereria declarar seu amor, mas tem medo da rejeição e do ridículo. Ele planeja cuidadosamente o encontro com a pessoa amada, prepara palavra por palavra tudo o que vai dizer. Almeja ardentemente estar junto ao seu amor. Mas, à medida que os minutos passam e se aproxima o momento tão decisivo, cresce a ansiedade, ele transpira, treme, as palavras parecem lhe fugir...

O conflito aproximação – afastamento é o mais frequente. Quando o conflito é do tipo aproximação-aproximação, embora haja a indecisão, a escolha é sempre mais fácil. A alternativa não escolhida, enfim, poderá repetir-se no futuro. A situação é algo mais complexa nos conflitos afastamento – afastamento. Contudo, aqui também há uma válvula de escape: adiar um pouco a decisão na esperança de que o tempo resolva o enigma. Pode também o indivíduo deixar que as coisas aconteçam.

Nos conflitos aproximação – afastamento, à medida que o sujeito se aproxima do objeto, a força de atração passa a crescer num ritmo menos intenso e a força de repulsão cresce num ritmo mais intenso. Esta força de atração e repulsão é comumente conhecida com o nome de gradiente de aproximação e gradiente de afastamento, respectivamente.

Muitos conflitos aproximação – afastamento se apresentam no dia-a-dia do homem contemporâneo, mas há três situações que, pela sua frequência e gravidade, merecem menção especial. A primeira é a independência e a dependência. De um lado aprendemos que devemos ser responsáveis e resolver nossos próprios problemas, mas às vezes nos sentimos bem, quando outros assumem a responsabilidade por nós, enquanto "voltamos a ser crianças".

A segunda é a situação de cooperação e competição. A sociedade nos pede cooperação, união, trabalho de equipe cooperativo. Mas há muitas ocasiões em que a mesma sociedade nos incentiva para a competição.

A terceira situação é a marcada, de um lado, pelo incentivo à liberação dos impulsos, particularmente os ligados à agressão e ao sexo, enquanto se pede também o controle dos mesmos.

Frustração

Fala-se muito em frustração. Às vezes, quando queremos nos referir a alguém pejorativamente, dizemos que é um frustrado. Mas o que significa frustração? Entende-se por frustração o estado emocional que acompanha a interrupção de um comportamento motivado. Outros preferem não fazer menção a estados internos definindo frustração como a pura e simples interrupção no curso de um comportamento.

Do exposto, deduzimos que todos sofrem frustrações e, neste sentido, somos todos frustrados. Ninguém pode evitar por completo as frustrações uma vez que nem todas as nossas necessidades e desejos são satisfeitos. A saúde mental não depende de enfrentarmos ou não enfrentarmos frustrações. Depende, sim, da forma como as enfrentamos. A quantidade de frustrações também parece ser significativa: tanto a ausência de frustrações (superproteção) como o excesso são desaconselhados.

De onde provêm as frustrações? As fontes são muitas. Há obstáculos internos e externos, limitações provenientes de situações ambientais e pessoais. Alguém pode sentir-se frustrado por causa da chuva que prejudicou suas férias na praia ou no campo. Mais grave seria a frustração causada pelo incêndio que destruiu a casa, pela morte que levou o ente querido. No caso da chuva, certamente haverá outras oportunidades de férias, mas será impossível recuperar a pessoa amada que morreu.

Os meios de comunicação, especialmente a propaganda, ajudam a criar frustrações na medida em que apresentam modelos fisicamente muito superiores à média geral, difíceis de serem imitados quer no aspecto físico, quer no *status* socioeconômico de que desfrutam, privilégio de uma minoria. Estudos revelam que a maioria dos jovens e adultos está hoje muito mais descontente com seu tipo físico do que estavam há alguns anos. A maioria gostaria de ser, ou mais alto, ou mais magro, ou mais forte, ou mais inteligente ...e todos gostariam de ser fisicamente mais atraentes.

As frustrações mais dolorosas provêm das limitações estritamente pessoais, especialmente as que têm implicações sociais como a reprovação num vestibular, a perda do emprego por desempenho inadequado, o fracasso amoroso. Nestes casos é mais difícil descarregar a responsabilidade nos outros ou nas circunstâncias. Estas situações acabam atingindo duramente o autoconceito, provocando sentimentos de inadequação e inferioridade. Elas se agravam significativamente quando o indivíduo não sabe avaliar suas qualidades e defeitos, não tem uma visão real de sua personalidade e acaba estabelecendo metas irreais que fatalmente nunca serão atingidas. Há também os que estabelecem seus objetivos muito aquém de suas possibilidades e passam a vida inteira se lamentado de sua situação.

Telford e Sawrey admitem três situações básicas que desencadeiam as frustrações. As frustrações podem ser provocadas por demora, por entrave e por conflito. Como os conflitos já foram abordados, passemos às demais situações. A frustração por demora ocorre quando o objetivo ou meta (reforço) só poderá ser atingido, decorrido determinado tempo. O indivíduo tem que esperar, adiar o esperado reforço por tempo determinado ou indeterminado. A frustração por entrave existe quando se impede ou interrompe o curso do comportamento. O entrave pode decorrer de características pessoais de ordem física, intelectual ou psíquica. Outras vezes ele advém de situações sociais (leis, regulamentos, normas sociais, etiquetas, rituais) ou do comportamento dos outros que nem sempre colaboram para atingirmos nossos objetivos e nos realizarmos.

O que fazemos, quando frustrados? Como reagimos? Quais as respostas às frustrações? Uma das primeiras respostas à frustração é a inquietação. A pessoa começa a movimentar-se mais, anda de um lado para outro, fuma e conversa mais do que o normal, rói as unhas...

A agressão sempre foi tida como uma consequência da frustração. Muitos chegaram a defender uma relação direta entre frustração e agressão: frustração sempre gera agressão, e agressão sempre tem como causa a frustração. Quanto mais frustrado estiver o indivíduo, mais agressivo ele será.

Hoje se admite que a frustração possa gerar agressão, mas se sabe que há outras respostas possíveis. Sabe-se também que a agressão pode provir de uma fisiologia peculiar ou da aprendizagem (imitação). Em outras palavras, estamos afirmando que alguém pode ser agressivo sem ter sido frustrado.

A agressão decorrente da frustração pode ser direta ou deslocada. Ela será direta, quando dirigida ao objeto causador da frustração. Exemplo: a criança que agride o colega porque este lhe tomou das mãos o brinquedo.

Diz-se que a agressão é deslocada quando dirigida a pessoa ou objeto que nada tem a ver com a frustração. Alguém ou algo vira bode expiatório. O funcionário cansado ou humilhado pelo seu chefe não pode agredi-lo, pois correria o risco de perder o emprego, mas ao chegar em casa pode agredir a esposa ou os filhos.

Por mais estranho que possa parecer, a pessoa frustrada pode responder com apatia. Esta situação mostra como duas pessoas, ou a mesma pessoa em situações diferentes, podem responder ao mesmo estímulo de formas diversas e até contrárias. Assim alguém frustrado pode demonstrar inquietação, agredir ou ficar apático. Por quê? Parece ser uma questão de aprendizagem. Aprendemos a responder desta ou daquela maneira. A tendência geral, diante da frustração, é reagir e resistir. Quando, porém, as esperanças de solução desaparecem a apatia pode se instalar. Esta reação foi, repetidas vezes, observada entre os prisioneiros de guerra, entre os capturados como reféns e os retidos em campos de concentração. Homens cheios de energia e inteligência, ativos e criativos, nestas circunstâncias se tornaram tão apáticos que se recusavam a fazer qualquer coisa, mesmo alimentar-se.

Há ocasiões em que, diante de problemas, passamos a sonhar acordados. É o recurso à fantasia. A jovem, ao findar mais uma esperança de casamento, passa a sonhar com o príncipe encantado. O jovem tímido pode imaginar-se um galã conquistador.

A estereotipia, outra das possíveis respostas à frustração, consiste na exibição de um padrão de comportamento fixo e repetitivo. Alguns chupam o dedo, outros coçam a cabeça, outros tamborilam com os dedos. A estereotipia pode apresentar-se verbalmente com palavras ou expressões que são repetidas constantemente.

Há outros que diante da frustração exibem a regressão, que consiste em adotar um comportamento mais primitivo, próprio de um estágio anterior de desenvolvimento. O primeiro filho pode começar a molhar a cama (enurese) por ocasião do nascimento do irmãozinho.

Ansiedade

Ansiedade é um estado psíquico muito semelhante ao medo. Este caracteriza-se por ser uma reação de defesa do organismo diante de um perigo real. O medo é a reação do organismo que busca manter sua integridade física ou psíquica. Já a ansiedade é um medo vago, sem fundamento lógico, irracional ou desproporcional ao objeto causador. A ansiedade é um estado afetivo, caracterizado por sentimento de apreensão, inquietude e mal-estar difusos. Pode ser também sensação de impotência para fazer algo ou tudo. As pessoas tomadas pela ansiedade, com frequência sentem medo de um perigo vago e desconhecido, mas para elas inevitável.

A ansiedade é um sinal de alarme dirigido ao EU. Serve para advertir a presença de um perigo, de um impulso ou ideia inadmissíveis, para que o EU possa responder com medidas adequadas ou mobilizar suas defesas.

A ansiedade não é propriamente um fenômeno patológico, mas algo inerente à condição humana. Até um determinado ponto, a ansiedade é sinal de verdade e serve para despertar e motivar o organismo. Sua função é útil para a sobrevivência, já que põe o organismo de sobreaviso quando aparece algo ameaçador para a estabilidade e integridade emocional do sujeito.

A origem da ansiedade pode estar em circunstâncias externas como a enfermidade, a dor pela morte de alguém. Estados emocionais como o medo, vergonha e ridículo, derivados da experiência cotidiana, também provocam ansiedade. Conflitos e frustrações podem ser fonte de ansiedade. Porém, as principais causas da ansiedade são os impulsos, tendências ou desejos que surgem dentro do sujeito e que este considera inadmissíveis e não pode manejar por serem perigosos ou ameaçadores para suas próprias normas morais. Geralmente são impulsos relacionados à sexualidade e à agressividade.

Para Sullivan a ansiedade é o medo da insegurança. Este medo teria suas origens na infância e pode provir de privações e negligências afetivas. A ansiedade é o medo do isolamento, da solidão e da falta de afeto.

Alguns consideram os sentimentos de culpa a principal fonte de ansiedade. Esses sentimentos de culpa brotariam de atos, impulsos e sentimentos considerados imorais.

Para os existencialistas a ansiedade nasce da constatação da inevitabilidade da morte e da constatação de tantas possibilidades não realizadas.

Mecanismos de defesa

Já vimos que o indivíduo frustrado pode reagir com inquietação, agressão, apatia, fantasia, estereotipia e regressão. Mas há outras formas de se tentar resolver os problemas ligados aos conflitos, frustrações e ansiedades. São os mecanismos de defesa. São assim chamados porque visam proteger a autoestima do indivíduo e eliminar o excesso de tensão e ansiedade.

Os mecanismos de defesa do ego, na denominação de Freud, são recursos ardilosos pelos quais o EU se defende dos perigos instintivos e das emoções violentas (impulsos inconscientes) que ameaçam o seu equilíbrio. Graças aos mecanismos de defesa conseguimos manter o equilíbrio entre os conflitos internos e o ego. Quando estes mecanismos não são, por qualquer motivo, adequados para diminuir a angústia ou a ansiedade, podem ocorrer transformações violentas no comportamento.

A principal função dos mecanismos de defesa é ajudar-nos a manter a ansiedade e a tensão em níveis que não sejam tão dolorosos para nós. Os mecanismos não resolvem os problemas criados pela ansiedade, mas nos dão a possibilidade de nos sentirmos melhores, mesmo que seja apenas momentaneamente. Evitam o desgaste advindo pelo grande aumento de tensão intrapsíquica causado pela situação de frustração e conflito. Portanto, eles são benéficos, porque favorecem o autorrespeito e evitam o *stress* psíquico. Nesse sentido, o indivíduo sentir-se-á protegido das ameaças advindas da situação de conflito e terá recursos para suportar por mais tempo essa situação, por um período suficiente para armazenar informações e detectar comportamentos indispensáveis a um ajustamento mais realista e eficiente.

A utilização muito intensa, prolongada e inconsciente dos mecanismos de defesa pode ser funesta ao ajustamento pessoal, afastando o indivíduo da realidade objetiva e impedindo-o de enfrentar produtivamente o problema, apresentando-se como cego diante de outros recursos do mundo objetivo e subjetivo de que poderia lançar mão.

Segundo Freud os mecanismos de defesa são inconscientes.

Alguns dos principais mecanismos de defesa são:

1 – A *racionalização* que consiste em justificar de forma mais ou menos lógica, e se possível ética, a própria conduta. A racionalização é uma autojustificação de aparência lógica, mas na realidade inverídica. Muito conhecida é a fábula da raposa que, não alcançando as uvas que desejava, se afastou dizendo: "estão verdes, nem cães as podem tragar". O político que perde a eleição e depois diz: "foi melhor assim, porque vou poder dedicar-me mais aos meus clientes e à minha família". A pessoa que esperava ganhar a loteria e que ao conferir o bilhete vê que não foi premiada dá de ombros e comenta: "foi até bom, muito dinheiro estraga a vida da gente".

Reconhecer nossa irracionalidade, ainda quando nos é incômoda, ajuda a superá-la. Nem a conduta nem os impulsos das pessoas são sempre racionais.

2 – A *projeção* é um mecanismo que consiste em atribuir a outros as ideias e tendências que o sujeito não pode admitir como suas. Sem que percebamos, muitas vezes, vemos nos outros defeitos que nos são próprios. Pensamentos e sentimentos na realidade nossos são atribuídos a pessoas que nos cercam. Podem servir de exemplos de projeção: o aluno que se sente frustrado pela reprovação nos exames põe-se a dizer que o professor é incapaz. O marido infiel, que desconfia da esposa.

3 – *Formação de reação* ou *formação reativa*. Aqui os impulsos e as emoções censuradas como impróprias assumem uma forma de expressão contrária, aceitável para o ego ou consciente. Serve de exemplo a mãe que inconsci-

entemente não desejou o filho, considerando-o um estorvo, agora se desdobra em cuidados de toda ordem para representar a seus próprios olhos o papel de mãe perfeita.

4 – *Repressão*. Este mecanismo de defesa parece fundamentar todos os outros. Representa um esforço para retirar do consciente os pensamentos, sentimentos, memórias e fantasias que forem dolorosos ou ameaçadores. Vivências que provocam sentimentos de culpa são esquecidas. Muitos casos de amnésia (excluídas as causas orgânicas) podem ser explicados através deste mecanismo de defesa: esquecemos o que é desagradável.

5 – *Substituição*. O mecanismo de substituição pode apresentar-se sob duas formas: a sublimação e a compensação.

Sublimação é o processo através do qual motivos inaceitáveis se expressam de forma socialmente aceitável. Assim impulsos hostis podem ser expressos através da prática de esportes violentos como o box.

Compensação consiste num esforço extraordinário realizado pelo indivíduo para ser bem-sucedido numa determinada área. Este esforço visa compensar uma fraqueza ou fracasso em outra área da personalidade. O adolescente, sentindo-se inadequado para a prática de esportes, pode realizar um esforço muito grande para ser reconhecido e admirado pelo seu sucesso nos estudos.

Alfred Adler deu grande importância a esse mecanismo no desenvolvimento da personalidade: todo o comportamento humano, todo o esforço humano, seria uma permanente luta para superar nossos fracassos e para superarmos a nós mesmos.

6 – *Identificação*. Através deste mecanismo o indivíduo busca segurança e o fortalecimento do eu associando-se psicologicamente com outra pessoa que goza de prestígio e autoridade. Embora esse mecanismo possa ser utilizado por qualquer indivíduo em qualquer idade, ele é particularmente frequente na infância e adolescência. Os adolescentes facilmente se apegam a modelos apresentados pela televisão. Adultos fazem questão de mencionar seu parentesco ou relação de amizade com pessoas ilustres.

Ajustamento

Por que alguns conseguem ser ajustados e outros não? Depende bastante da correta utilização dos vários mecanismos que nos auxiliam na solução de problemas psíquicos. A vida de cada um terá certamente muitos conflitos, frustrações e ansiedades. O homem tem que usar todas as suas faculdades para enfrentar, superar ou conviver com os problemas.

Por que não conseguimos resolver nossos problemas pelo uso da razão? Embora nossos problemas pessoais sejam muito semelhantes a qualquer outro problema, há algumas diferenças. Primeiramente, quando se trata de assuntos pessoais o envolvimento emocional nos rouba a objetividade. Em segundo lugar há muitos aspectos inconscientes em nosso comportamento. Há, consequentemente, muitos dados desconhecidos por nós mesmos.

Os mecanismos de defesa podem ajudar no ajustamento porque:

1 – Através de seu uso diminui a tensão e assim se evita que os problemas nos façam soçobrar.

2 – Os mecanismos de defesa nos possibilitam novas experiências que poderão nos ensinar novas formas de ajustamento.

3 – Os mecanismos podem nos ajudar a descobrir as verdadeiras causas de nosso comportamento.

4 – Muitas das atividades em que nos engajamos através dos mecanismos de defesa são atividades construtivas e úteis (compensação).

Quando alguém pode ser considerado ajustado? Não é fácil dizer se alguém é ou não ajustado. Tudo depende do conceito que temos de ajustamento e dos critérios utilizados. E os conceitos e critérios variam bastante, dependendo do lugar e da época.

Para alguns, normal e ajustado significa a mesma coisa. Outros fazem uma distinção, afirmando que ajustado é o que se adapta com facilidade aos padrões da sociedade, o que não implica necessariamente em ser normal e saudável, realizado e feliz. O indivíduo estaria desempenhando papéis, fazendo o que os outros esperam que ele faça, mas não necessariamente fazendo aquilo que o torna mais feliz.

Perls acredita que a pessoa é feliz, saudável e criativa à medida que vive o momento presente. Não gasta suas energias para lamentar o passado, nem para preocupar-se com o futuro.

Abraham Maslow, que dedicou a vida inteira ao estudo da personalidade normal e ajustada, propôs que o indivíduo com saúde mental caracterizar-se-ia por ser mais espontâneo e comunicativo. Menos bloqueado, menos crítico de si mesmo, mais aberto e honesto, mais facilmente expressa seus pensamentos e opiniões sem medo do ridículo. É intelectualmente flexível.

Não teme o mistério e o desconhecido, ao contrário é atraído para ele. Conserva características próprias da criança como a vivacidade e inocência, o que, juntamente com uma inteligência adulta, torna-o pessoa muito especial.

"A personalidade ajustada é a que se adapta confortavelmente a sua sociedade. Isto não significa necessariamente que seja uma pessoa saudável e feliz. Pessoas saudáveis são as que se mantêm em contato com o seu EU real, totalmente conscientes dos valores, necessidades, sentimentos e compromissos a que se ajustam. Pessoas saudáveis estão centradas no presente, são independentes e abertas, demonstram alguma forma de criatividade intelectual, são intelectualmente flexíveis e são algo aventureiros e espontâneos e emocionalmente comunicativos" (LEVIN 1978, p. 489).

Hilgard e Atkinson não fazem distinção entre personalidade ajustada e personalidade normal. "A pessoa bem ajustada enfrenta conflitos, mas não é demasiadamente perturbada pelos mesmos. Enfrenta seus problemas de forma realista; aceita o inevitável; compreende e aceita suas limitações e as limitações daqueles com quem tem que conviver... A pessoa bem ajustada não é necessariamente um conformista social... A pessoa sadia e bem ajustada é também produtiva e capaz de desenvolver relações com outras pessoas, o que lhe traz satisfação. É sensível às necessidades e sentimentos dos outros, não é muito exigente na satisfação de suas próprias necessidades e é capaz de dar e receber afeição" (HILGARD; ATKINSON & ATKINSON, 1971, p. 465-466).

Podemos dizer que a pessoa normal manifesta comportamentos que se caracterizam por:

1 – manutenção de boa saúde física;

2 – conhecimento o mais amplo possível e aceitação de si mesmo;

3 – conhecimentos e aceitação dos outros;

4 – relacionamento de confiança com outras pessoas;

5 – participação social efetiva;

6 – ocupação profissional realizadora e criativa.

Questões
1. É possível evitar por completo os conflitos, as frustrações e as ansiedades? Por quê?
2. O que é um conflito?
3. Quais os principais tipos de conflito? Exemplifique cada um deles.

4. Cite três situações particularmente conflitivas para o homem contemporâneo.
5. O que é frustração e quais as principais fontes de frustração?
6. Como o ser humano reage, quando frustrado?
7. O que é ansiedade e qual sua origem?
8. Qual o papel dos mecanismos de defesa?
9. Dê um exemplo para cada um dos principais mecanismos de defesa.
10. Como se caracteriza uma pessoa ajustada ou normal?

CAPÍTULO 14 Comportamento anormal

OBJETIVOS DE APRENDIZAGEM

Após estudar o presente capítulo você deverá ser capaz de:
- conceituar psicopatologia;
- caracterizar as perturbações transitórias e situacionais;
- caracterizar o comportamento neurótico;
- caracterizar o comportamento psicótico;
- traçar um paralelo entre neurose e psicose;
- exemplificar uma das reações neuróticas;
- distinguir as psicoses funcionais das psicoses orgânicas;
- conceituar psicoterapia e citar os principais enfoques psicoterápicos.

Psicopatologia

A psicopatologia é o ramo da Psicologia que se ocupa dos fenômenos psíquico-patológicos e da personalidade desajustada. A psicopatologia estuda o comportamento anormal, sua gênese, sintomas, dinâmica e as possíveis terapias.

Há muitas manifestações psicopatológicas. Há uma certa unanimidade, mas não se observa uma única nomenclatura no diagnóstico e tratamento dos desequilíbrios psíquicos.

Abordaremos aqui apenas três tipos de reações anormais: as perturbações transitórias e situacionais, as perturbações neuróticas e as perturbações psicóticas.

Perturbações transitórias e situacionais

Em geral ao falar-se de anormalidade as pessoas entendem algo duradouro, permanente. Uma situação insuperável ou que só pode ser superada após um longo tratamento psicoterápico. De fato as neuroses e psicoses se enquadram nesse conceito, elas não surgem e desaparecem de um momento para outro. Mas há perturbações cuja duração é efêmera, permanecem enquanto continuar a alteração ambiental que as provocou. É o caso, como a própria designação deixa implícito, das perturbações transitórias e situacionais.

Qualquer um de nós, diante de situações traumatizantes pode sofrer um colapso das defesas e ceder à tensão. O soldado que é enviado para a frente da batalha, a mãe que perde o esposo e os filhos numa catástrofe, a jovem que é estuprada, todos, por mais normais que sejam, diante dessas situações extremamente adversas, podem não resistir à tensão e sofrer um desequilíbrio. Esta perturbação, passada a causa provocadora, pode desaparecer por completo ou pode durar por mais tempo, necessitando o indivíduo de uma breve terapia para superá-la.

Os sintomas apresentados nas perturbações transitórias e situacionais são semelhantes aos sintomas neuróticos e psicóticos.

Apresentamos três circunstâncias que podem provocar perturbações transitórias e situacionais: as guerras, as catástrofes civis e os ambientes com tensão crônica.

Reações traumáticas ao combate

A excessiva fadiga, a permanente ameaça de morte, a distância de seu país e de seus familiares são algumas circunstâncias que levam os soldados a reações traumáticas.

Os sintomas mais frequentes são: desânimo, distração, supersensibilidade, perturbações do sono, temores e fobias.

Cada dia o soldado enfrenta o inesperado, nada é previsível. Ele é obrigado a matar. Mesmo tratando-se de supostos "inimigos", ele está matando seres humanos, jovens como ele, pais de família... E, enquanto ele mata, seus amigos também morrem, vão tombando um a um. E ele vai assistindo a tudo, resistindo como um forte, mas pode chegar o momento em que o peso de tudo isto seja insuportável.

Reação a catástrofes civis

Frequentemente ocorrem acidentes automobilísticos, quedas de avião, explosões, incêndios, vendavais, terremotos e assaltos. Tudo isso pode se constituir em situação traumática provocadora de desequilíbrios. Outras situações que não as catástrofes civis podem provocar igual terror e choque em suas vítimas. Por exemplo: assalto sexual, grandes perdas econômicas, morte de um ente querido. Por serem extremamente traumatizantes, estas experiências geram descompensação do ego, levando a um estado de desequilíbrio mais ou menos grave, dependendo das circunstâncias provocadoras e da personalidade da vítima.

Os principais sintomas são: estado de choque, ansiedade, tensão muscular, irritabilidade, medo, pânico e apatia. Mais tarde, durante o período de recuperação, podem surgir os pesadelos, as fobias, os sentimentos de culpa e até a depressão profunda.

Reação à tensão crônica de situação

Até agora apresentamos situações agudas de tensão. Porém há perturbações transitórias e situacionais provocadas por situações de tensão crônica. A tensão crônica existe quando o indivíduo permanece por longo tempo num ambiente em que se sente inseguro, insatisfeito, hostilizado, ameaçado, inadequado. Poderiam servir de exemplo: o marido que não se sente bem com seu casamento, o funcionário que odeia seu trabalho, o jovem que se considera oprimido pelo autoritarismo ou superproteção dos pais, o estudante decepcionado com a carreira escolhida, o velho que se vê abandonado por todos, a criança rejeitada pelos pais.

A forma de reagir à tensão crônica do ambiente varia de acordo com a idade e a personalidade de cada um. A criança rejeitada pode se mostrar muito manhosa, o adolescente talvez escolha o caminho da rebeldia ou hostilidade, o adulto passa a sentir fadiga crônica, o velho seja mais impertinente do que o normal.

Neuroses

Toda generalização pode conter erros, mas comumente o neurótico:
– mostra perturbações cognitivas e emocionais menos severas;
– raramente deixa de estar voltado para seu ambiente;
– continua mais ou menos em contato com a realidade;
– tem alguma compreensão da natureza do seu comportamento;

– dificilmente se comporta de maneira perigosa para si ou para os outros;
– raramente exige hospitalização.

Sendo a neurose fenômeno da vida humana, não devemos admirar seja complexa, como qualquer fato vital.

Segundo Freud, deve-se procurar a causa das neuroses na repressão do impulso instintivo (libido) por parte do "ego" consciente. Adler vê a causa das neuroses na inferioridade orgânica. Jung as explica como expressão de gosto ou preconceito da integridade da personalidade que reúne em si as antíteses. Para Kunkel as neuroses derivam da atitude egoísta do homem que foge e desanima diante das responsabilidades. Speer coloca-as numa elaboração defeituosa da experiência. Ringel aponta a essência das neuroses no conflito psíquico entre tendências conscientes e inconscientes. Niedermeyer e Caruso, talvez por motivo da variedade do conceito de "neurose", abstêm-se, propositalmente, de definir-lhe a essência.

De tal disparidade de pontos de vista, por parte de médicos, psiquiatras e psicólogos insignes, resulta que seria pelo menos imprudente quem pretendesse reivindicar hoje como verdadeira a própria e somente a própria definição da essência das neuroses.

No entanto, preferimos a definição dada por S.H. Frazier e A.C. Carr: "Neurose é uma alteração na qual permanece relativamente intacta a apreciação da realidade".

Passemos agora a analisar as principais reações neuróticas.

Reação de ansiedade

O paciente é tomado por sentimentos generalizados e persistentes de intensa angústia sem causa objetiva. Pode ser considerada um fracasso parcial das defesas do indivíduo. Alguns sintomas somáticos, ocasionalmente, podem se manifestar, tais como: palpitação do coração, tremores, falta de ar, suor, náuseas. Há uma exagerada e ansiosa preocupação por si mesmo. A ansiedade pode não estar circunscrita a objetos ou situações específicas.

Reação fóbica

Como o termo está a indicar, refere-se ao medo, medo patológico. Medo excessivo e infundado, específico e anormal em relação a algum objeto, condição, situação ou ato. A fobia é um temor persistente relacionado com um objeto ou situação que objetivamente não é fonte de perigo. A pessoa fóbica considera geralmente inexplicável seus temores e todavia experimenta uma forte angústia diante da situação fóbica.

Com frequência nas reações fóbicas aparecem as reações fisiológicas comuns à angústia: transpiração, tremor, respiração acelerada, diarreia, vômitos, "opressão do peito", taquicardia e consequente aumento da frequência do pulso. Teoricamente, qualquer situação ou objeto pode ser o centro de uma fobia. Os mais comuns são as alturas, os espaços fechados, os subterrâneos, os elevadores, a sujeira, os germes, os lugares abertos, a água, as multidões, as pessoas estranhas, os animais e a escuridão.

"A fobia data, muitas vezes, de uma situação crítica, produtora de intenso medo, que ocorreu nos primeiros anos da infância. Esta situação foi subsequentemente esquecida ou reprimida, e a sua recordação provocaria sentimentos de culpa ou ansiedade" (EDWARDS, 1973, p. 35).

Alguns exemplos de fobias: agorafobias (medo de lugares abertos ou públicos), batofobia (medo das profundidades), claustrofobia (medo de lugares fechados), demofobia (medo das multidões), hidrofobia (medo da água), patofobia (medo de doença), tanatofobia (medo da morte), etc.

Reação de conversão

Nesta reação neurótica o paciente sente perturbações físicas que têm uma base psicológica. Estas perturbações podem ser sensoriais ou motoras. Sensoriais: insensibilidade de uma área do corpo, por exemplo, área coberta por uma meia. Surdez funcional, parcial ou total. Motoras: paralisia funcional envolvendo um ou vários membros do corpo, mutismo, que é a incapacidade total de falar, tremores, tiques.

Reação obsessivo-compulsiva

A obsessão é uma *ideia* que constantemente se infiltra nos pensamentos de uma pessoa. A compulsão é um ato que se introduz no comportamento. A obsessão é um pensamento ou ideia fixa que ingressa na consciência sem o controle da vontade. A compulsão é o *ato*. As obsessões (ideias) e as compulsões (atos) geralmente coexistem, de maneira que nem sempre se consegue fazer a diferenciação e ambos integram a síndrome obsessiva. "As reações obsessivo-compulsivas caracterizam-se por pensamentos obsessivos e inevitáveis, frequentemente desagradáveis e importunos para a pessoa, e por atos compulsivos irracionais, que decorrem de impulsos indesejáveis" (KRECH & CRUTCHFIELD, 1971, p. 348). Exemplos de cada dia podem ser a canção que se gravou na mente e não nos deixa em paz, ou a compulsão de retornar para casa para constatar se a porta está bem fechada quando não existe base real para esperar outra coisa. Quando as obsessões e as compulsões alcançam um nível de gravidade neurótica, refletem muitas vezes tendências em conflito dentro da pessoa.

Psicoses

Para os casos de comportamento psicótico podemos fazer as seguintes generalizações:

– o psicótico mostra perturbações cognitivas e emocionais muito graves;

– pode sofrer alucinações e delírios;

– tende a perder a compreensão de seu comportamento;

– pode estar completamente desorientado em seu ambiente;

– geralmente perde o contato com a realidade;

– pode envolver-se em ações extremamente afastadas da realidade e às vezes perigosas;

– em geral é tão incapaz de comportamento social adequado que exige hospitalização temporária (KRECH & CRUTCHFIELD, 1971, p. 347).

A psicose é uma forma extrema de desorganização da personalidade. "A pessoa psicótica típica tem delírios e alucinações. Falta-lhe o discernimento da natureza do seu estado, sente-se desorientada quanto ao tempo, ao lugar e à pessoa e requer constante supervisão ou internamento numa instituição adequada" (TELFORD & SAWREY, 1973, p. 471).

"A psicose é uma grave alteração da função psicológica com deficiência na faculdade do indivíduo para distinguir, avaliar e apreciar a realidade" (FRAZIER & CARR, 1973, p. 143).

Na *neurose* a perturbação é insuficiente para alterar muito ostensivamente o funcionamento da personalidade.

Na *psicose* a própria personalidade é afetada, de maneira manifesta, mais ou menos profundamente.

As psicoses se dividem em duas categorias:

a) psicoses psicogênicas ou funcionais;

b) psicoses orgânicas.

Trataremos aqui, ainda que sucintamente, das principais psicoses psicogênicas e orgânicas.

Psicoses psicogênicas ou funcionais

Esquizofrenia

A esquizofrenia é uma psicose grave na qual a perturbação principal se reflete numa alteração do juízo e dos processos de pensamento. "A esquizofrenia é uma desorganização da personalidade de caráter grave, às vezes com manifestação de sintomas psicóticos, afirmada sobre um defeito básico na interpretação da realidade que só se descobre com grande perspicácia. As características típicas são: grande distorção nos processos do pensamento; alterações do afeto; alteração dos limites do ego; dificuldades nas relações pessoais" (FRAZIER & CARR, 1973, p. 117). Um dos sinais que por tradição se considera patognomônico da esquizofrenia é o transtorno e dissociação dos processos do pensamento. De nada servem as regras habituais da lógica. Quase 50% dos enfermos que se encontram nos sanatórios são esquizofrênicos.

Em função dos sintomas encontramos quatro tipos ou variedades de esquizofrenia.

Esquizofrenia simples: Caracteriza-se por uma apatia emocional, uma completa carência de ambições, exibe uma desorganização geral da personalidade que se caracteriza por uma perda gradual de interesse na vida, nas realizações pessoais e na participação social. Em alguns casos, a indiferença e a irresponsabilidade conduzem a conflitos com a lei. O começo deste tipo de alteração aparece com frequência na adolescência, no momento em que o indivíduo se enfrenta com a necessidade de efetuar a transição da infância à adaptação social e heterossexual da vida adulta, com a responsabilidade que a mesma supõe.

Esquizofrenia hebefrênica: Caracteriza-se por ações e linguagem caóticas. Pensamento desorganizado, afeto superficial e inapropriado, riso insólito, conduta e maneiras tontas e regressivas (maneirismo), frequentes queixas hipocondríacas, delírios e alucinações transitórias e pouco organizados. O paciente manifesta uma desorganização de sentimento, isto é, é capaz de alegrar-se com a morte de um familiar e entristecer-se quando lhe dizem que goza de boa saúde.

Esquizofrenia catatônica: Caracteriza-se por um comportamento marcadamente inativo. O paciente pode adotar posições corporais fixas por longos períodos de tempo. São posições normalmente estranhas e incomuns. "Na mania catatônica, o paciente representa um perigo real para si próprio e para os outros, enquanto que na acentuada depressão motora talvez conserve a mais absoluta imobilidade, recusando-se a comer ou executar os atos mais simples do corpo, necessários à sobrevivência dos organismos" (EDWARDS, 1973, p. 355). Esquizofrenia catatônica com excitação: atividade motora excessiva, às vezes violenta. Esquizofrenia catatônica com retraimento: inibição generalizada, estupor, mutismo, negativismo.

Esquizofrenia paranoide: Caracteriza-se por notáveis delírios de perseguição ou de grandeza, geralmente associados com alucinações. Com freqüência: hostilidade e agressão e uso de mecanismos de projeção.

Resumindo: A esquizofrenia *simples* é mais fácil de descrever do que os outros tipos, de vez que não tem um conjunto bem definido de características. A esquizofrenia *hebefrênica* é caracterizada por bobice e infantilidade do pensamento e da ação. A esquizofrenia *catatônica* é caracterizada ou pelo estupor e rigidez muscular ou o extremo oposto de excitamento e atividade frenética. A esquizofrenia paranoia manifesta-se através de delírios e alucinações e, frequentemente, de sentimentos de hostilidade.

Psicose maníaco-depressiva

Atualmente, porque no passado não foi assim, o termo maníaco-depressivo deve empregar-se com referência a uma pessoa que padeceu um ou vários episódios de depressão ou mania sem causa aparente. "A psicose maníaco-depressiva está em segundo lugar entre as psicoses funcionais mais comuns. É responsável por cerca de 10% das admissões em hospitais de doenças mentais. O termo "maníaco-depressiva" foi introduzido por Kraepelin, que observou que períodos alternados de elação e de depressão podem ocorrer no mesmo indivíduo, ainda que muitos pacientes mostrem apenas uma forma. O *estado maníaco* pode ser leve ou agudo. É assinalado por atividade e excitamento. Os maníacos são cheios de energia, inquietos, barulhentos, faladores e têm ideias bizarras, uma após a outra. Nos casos hiperagudos, os pacientes se tornam selvagens, delirantes e completamente impossíveis de manejar. O *estado depressivo*, ao contrário, é caracterizado por inatividade e desalento, muitas vezes com sentimentos de culpa e preocupação com a morte" (SARGENT & STAFFORD, 1969, p. 232).

Muitas vezes só o aspecto exterior dos depressivos já nos indica algo. Seu semblante é triste, como se estivessem mergulhados em si mesmos. Parece que choram sem derramar lágrimas. O enfermo está quieto, abatido. Seus movimentos são inseguros e torpes, parece como se não se atrevesse a pisar ou assentar-se. Fala pouco e quando o faz é com voz baixa e monótona. Procura não encontrar-se com seus amigos e os evita na rua. Veste-se com descuido e negligência. Não expressa suas opiniões. Os enfermos se consideram perdidos e creem que ninguém poderá compreendê-los e muito menos ajudá-los. Repentinamente se tiram a vida, sem que a seu derredor alguém suspeite os motivos. Os depressivos são tudo, menos teatrais. Ao contrário, seu sintoma fundamental é o abatimento angustioso, que o perito diagnostica sem equivocar-se. O *depressivo autêntico* está sempre em perigo de um suicídio. A experiência demonstra como é difícil para um leigo aceitar isto.

Paranoia

A paranoia é uma psicose caracterizada sobretudo por ilusões fixas. É um sistema delirante durável. As ilusões de perseguição e grandeza são mais duradouras e mais sistematizadas do que na esquizofrenia paranoide. Os ressentimentos são profundos e o paranoico procura agredir aqueles que estiverem presentes em seus conflitos. É um tipo perigoso para a sociedade: egocêntrico e destruidor, conhece seus inimigos e julga que sua grandeza depende da eliminação de pessoas que o prejudicam. "A verdadeira paranoia é relativamente rara, sendo responsável por apenas cerca de 2% de casos em hospitais de doenças mentais. Antigamente, todos os pacientes que tinham delírios eram classificados como paranoicos; atualmente, os delírios são conhecidos como sendo comuns na esquizofrenia e em outros transtornos" (SARGENT & STAFFORD, 1969, p. 233).

O paranoico é agressivo, mas não se dá conta de sua agressividade; está sempre se defendendo e atribui motivos malévolos a quem não lhe aprecia; acredita que o fim justifica os meios, é incapaz de solicitar carinho, preocupado em defender seus direitos, não confia em ninguém.

Psicopatia

O termo psicopatia se aplica aos indivíduos de comportamento habitualmente antissocial, que se mostram sempre inquietos, incapazes de extrair algum ensinamento da experiência passada, nem dos castigos recebidos, assim como incapazes de mostrar verdadeira fidelidade a uma pessoa, a um grupo ou a um código determinado. Costumam ser insensíveis e de muito acentuada imaturidade emocional, carentes de responsabilidade e de juízo lúcido e muito hábeis para *racionalizar* seu comportamento a fim de que pareça correto, sensato e justificado.

O uso deste termo é difícil e na prática pode ser substituído por *sociopata* ou *personalidade sociopática*.

Traços mais significativos do psicopata: notável inteligência, inexistência de alucinações, ausência de manifestações neuróticas, falta de confiança, falta de sentimento de culpabilidade e de vergonha, conduta antissocial, egocentrismo patológico, incapacidade para amar, perda específica de intuição, irresponsabilidade nas reações interpessoais, comportamento fantástico e pouco recomendável com relação à bebida, ameaças de suicídio raramente cumpridas, vida sexual impessoal, trivial e pouco integrada, incapacidade de seguir qualquer plano de vida, manipula os demais e os utiliza para satisfazer suas próprias conveniências, hábil em simular estados emocionais quando crê que lhe vai ajudar a obter o que deseja, não experimenta nenhuma das manifestações psicológicas e fisiológicas da ansiedade ou do medo, embora possa reagir de um modo parecido, quando seu bem-estar imediato está ameaçado, as reações e os castigos imaturos só contam para ele em abstrato, não exercem efeito algum em seu comportamento imediato, sua capacidade de discernimento é pobre e sua conduta costuma estar determinada por impulsos e por necessidades circunstanciais.

Alguns especialistas dividem os psicopatas em dois tipos: os *agressivos-predadores* e os *passivos-parasitários*. Os primeiros são indivíduos que satisfazem suas conveniências com acentuada agressividade e com uma atuação fria e insensível, apropriando-se de quanto desejam. Os segundos são psicopatas que obtêm o que querem praticando sobre os demais uma espécie de "sangria" parasitária que consiste em aparentar desamparo e necessidade de ajuda e de simpatia infantis.

A maior parte das descrições de psicopatas aludem a seu acentuado egocentrismo, a sua falta de empatia, a sua incapacidade para travar relações cálidas e afetivas com os demais, são pessoas que não experimentam sentimentos de culpabilidade nem remorso pelo que fizeram. A grande maioria dos autores concorda que as duas características principais da psicopatia são a *incapacidade de amar e a falta do sentimento de culpabilidade*.

Como são egocêntricos e lhes falta a empatia, são incapazes de situar-se no lugar das demais pessoas, por isto eles manipulam as pessoas como se fossem objetos, satisfazendo deste modo seus desejos sem preocupar-se em absoluto pelos efeitos que seus atos possam ter.

Embora muitos psicopatas procedam de famílias divididas e pobres e tenham sido vítimas de alguma forma de abandono e de rechaço paternos, uma das circunstâncias mais determinantes das psicopatias dos adultos, parece ser a de terem tido um pai psicopata, alcoólatra ou antissocial. Vários cientistas pensam que o psicopata é patologicamente incapaz de interpretar um papel e que suas experiências infantis o levaram a adquirir uma fachada social.

Psicoses orgânicas

Abordamos aqui as psicoses orgânicas que também geram comportamentos psicóticos e estes estão ligados especificamente à deterioração do cérebro e do sistema nervoso.

Demência senil

A demência senil não está vinculada a nenhuma idade determinada. A enfermidade começa em alguns aos 40 ou 50 anos e em outros aos 80. Não é verdade que todo o mundo se torna demente senil ao alcançar certa idade. O sintoma principal desta demência, originada pelas alterações que experimenta o cérebro com a idade, é a perturbação da capacidade de fixação. Deve-se distinguir entre a memória para recordações antigas e a fixação das impressões recentes.

Quando diminui a capacidade de fixação, o psiquismo permanece relativamente intacto. Os enfermos atuam *ainda* com vivacidade, com vontade de falar, porém não podem guardar em sua memória o que observam e estão desorientados. À medida que a enfermidade vai progredindo, o enfermo considera, por exemplo, as pessoas estranhas como velhos conhecidos, devido a que lhes falta a capacidade de recordar. Estão desorientados em sua própria casa, confundem as portas, esquecem tudo em seguida e enchem as lacunas de sua memória com fantasias, confabulações, porque lhes resulta desagradável reconhecer que perderam a recordação do que aconteceu num período de tempo. As recordações com intensa carga afetiva guardam melhor, porém também desaparecem pouco a pouco da memória. Mais tarde se transtornam também a compreensão e o juízo. Os enfermos vivem só num passado longínquo. Podem dar com exatidão detalhes assombrosos de sua infância. Louvam o passado, então tudo era formoso, muito melhor do que agora. Para os que os rodeiam é molesta sua loquacidade; pedantes e obstinados, dão toda classe de detalhes supérfluos, se perdem em insignificâncias. Sua falta de vontade é o que prepara o terreno à credulidade. Ficam assim abertas todas as possibilidades para enganá-los (herança).

Em seu estado de ânimo notamos a falta de autêntica força afetiva. Quem convive com um demente senil tem que saber que muitas vezes eles são perigosos. Progressivamente vão perdendo o domínio de seus atos e se assemelham a crianças irresponsáveis.

Psicose alcoólica

O uso excessivo de entorpecentes e álcool gera a chamada psicose alcoólica (*delirium tremens*) que "é habitualmente marcada por violenta intranquilidade, acompanhada de alucinações de uma natureza aterradora" (EDWARDS, 1973, p. 356).

"O cérebro é o órgão que mais álcool recebe. Isto é devido ao fato de ter o encéfalo grande quantidade de água. Nas células nervosas, esse tóxico irá perturbar os fenômenos oxidativos e alterar o ritmo de trabalho de todo o sistema. Consequentemente, o pensamento e o comportamento se mostram com características anormais" (DORIN, 1972, p. 303).

Arteriosclerose cerebral

A arteriosclerose cerebral evolui de um modo semelhante à demência senil. Ambas enfermidades podem encontrar-se no mesmo indivíduo. Nesta, um tratamento psíquico com habilidade é muito necessário. Sua ação prolongará a vida do enfermo.

O endurecimento dos vasos cerebrais dá lugar a transtornos de irrigação sanguínea, os quais são causa de que partes isoladas do cérebro estejam mal abastecidas de sangue. A consequência natural são os formigamentos nos braços ou pernas, as paralisias mais ou menos acentuadas, zumbidos nos ouvidos, transtornos da visão, perturbações da linguagem em forma de dificuldade ou lentidão da fala.

Estes enfermos são, para o *expert*, *mais enfermos do cérebro que enfermos mentais*. Neles se observam quase sempre: dores de cabeça, tonturas, dores na nunca, pressão na fronte, desmaios, vertigens, suadores e alterações no sono.

Psicoterapia

Conceito

"*Terapia* é o nome usado para qualquer tentativa de tratar de uma moléstia ou perturbação. Quase todas as terapias para perturbações do comportamento empregam técnicas psicológicas e, por isso, são chamadas de *psicoterapias*" (MORGAN, 1977, p. 246).

"Psicoterapia é o conjunto de técnicas de tratamento das perturbações de caráter psicológico, como a psicanálise (Freud), a *lerning therapy* (comportamentistas), a reflexologia (pavloviana)" (DORIN, 1972, p. 274).

A psicoterapia visa à cura dos comportamentos anormais.

Enfoques principais

Apresentamos, a seguir, as terapias mais importantes:

Terapia psicanalítica freudiana

"Freud começou a trabalhar com um antigo colega, Josef Breuer, que havia desenvolvido um tratamento de 'falar'. Breuer descobriu que um paciente era auxiliado, se encorajado, sob a hipnose, a 'verbalizar' seus problemas emocionais. Breuer e Freud denominaram esta técnica de 'catarse', porque parecia purgar o paciente de 'abafamento' ou de emoções reprimidas. Logo depois de publicarem um livro, em 1895, chamado e *Studies in Hysteria*, Breuer se afastou da parceria, e Freud continuou, mas só.

Freud bem cedo abandonou a hipnose e se concentrou no método verbal da associação livre. Dizia a seus pacientes para relaxarem, pensarem a respeito de seus problemas e dizerem tudo o que lhes viesse à mente. Achou esta técnica superior à hipnose, porque o paciente permaneceria num estado ativo, cooperativo, enquanto enfrentava as suas dificuldades.

A psicanálise freudiana é baseada em duas pressuposições ou teorias principais:

Primeiro, todo o acontecimento mental tem uma causa, presumivelmente os acontecimentos psíquicos que o precederam. Os pensamentos e os sentimentos não ocorrem 'por nenhuma razão', como as pessoas frequentemente dizem. Este princípio de determinismo psíquico está subjacente às investigações de Freud sobre os sonhos, o esquecimento, os lapsos verbais e outras áreas, previamente rejeitadas, como não tendo significação.

Segundo, a maior parte da vida mental é antes inconsciente do que consciente, ao contrário da crença popular. Na verdade, de acordo com a psicanálise, as causas primárias do comportamento são comumente encontradas nas exigências e impulsos do Id.

O tratamento psicanalítico pretende liberar a libido de suas fixações impróprias e fortificar o Ego, até que o paciente possa enfrentar os seus problemas. O analista chega a compreender os conflitos do paciente, pela associação livre e pela interpretação dos sonhos. Quando o paciente é levado ao ponto de tratamento, em que pode aceitar a interpretação que o analista faz de suas dificuldades, está no caminho da recuperação" (SARGENT & STAFFORD, 1969, p. 248).

Terapia centrada no cliente (terapia não diretiva de Carl Rogers)

As técnicas diretivas envolvem explanação, direção e controle da vida do paciente e elas são muito proveitosas em certas situações. Mas os psicoterapeutas têm observado que nem todos se acham realmente capazes de fazer mudanças fundamentalmente em seus ajustamentos, porque não podem mudar certas coisas em seu ambiente. Para Rogers o papel do terapeuta é o de compreender o pensamento e o sentimento do cliente e aceitá-lo completamente. Ele não interpreta, mas frequentemente traduz ou resume os sentimentos expressados. O objetivo do terapeuta é o de encorajar o paciente a ser mais completamente ele mesmo, para organizar a si mesmo, de maneira a atingir a autorrealização. O terapeuta não resolve problema algum do paciente, mas providencia uma oportunidade para que ele desenvolva seus próprios métodos de ajustamento. O indivíduo, não o problema, é o foco. O terapeuta é o orientador; compete ao cliente assumir a responsabilidade da direção e progresso da própria terapia.

Para Rogers, "o indivíduo, dentro de si mesmo, tem a capacidade e o impulso para curar-se, bastando-lhe para isto libertar-se das ameaças que obstam à autocompreensão, à autoaceitação e à autorrealização" (TELFORD & SAWREY, 1973, p. 473).

Terapia de modificação do comportamento

Este enfoque psicoterápico tem sua fundamentação teórica nos estudos de Pavlov (condicionamento clássico), Skinner (condicionamento operante) e nas pesquisas sobre a aprendizagem em geral. Parte do pressuposto que todo o comportamento (inclusive o anormal) foi aprendido e portanto, de acordo com as leis da aprendizagem, pode ser desaprendido.

Como está implícito na denominação, esta terapia tem por objetivo modificar um comportamento, uma resposta. Seu enfoque se volta para as circunstâncias, as contingências, as situações específicas que provocam as respostas inapropriadas. As causas remotas, os conceitos e sentimentos são abandonados em favor de um programa objetivo de modificação dos comportamentos desajustados.

A essência desta terapia consiste na manipulação do reforço com vistas à aquisição, eliminação ou substituição de uma resposta. As técnicas utilizadas são as já conhecidas pela aprendizagem (condicionamento clássico, condicionamento operante, moldagem e outras).

As várias terapias do comportamento têm sido muito bem-sucedidas no tratamento de desvios sexuais, abuso de álcool e drogas e outras perturbações da personalidade.

Terapia médica

"As drogas, a cirurgia ou outros meios físicos são recursos empregados para o tratamento do paciente na terapia médica, mas somente por psiquiatras formados em Medicina e que tenham treinamento nessas técnicas. As duas formas mais comuns de tratamento médico nas perturbações do comportamento são o choque elétrico e a terapia de drogas" (MORGAN, 1977, p. 246).

Terapia ocupacional

É a psicoterapia em que o paciente executa uma série de tarefas, mormente trabalhos manuais. O objetivo do tratamento é liberar a pessoa do ambiente em que vive, reativando e reequilibrando suas atividades. É uma técnica correlata a um tratamento de maior profundidade.

Terapia de grupo

Existem várias espécies de terapias de grupo. A forma tradicional consiste em reunir um grupo de pacientes e fazer com que conversem entre si sob a orientação de um terapeuta. O papel do terapeuta é manter a discussão focalizada em certos tópicos sem que ele mesmo domine a conversação. Os pacientes conversam sobre seus problemas e os membros do grupo comentam a respeito, assim cada um contribui com um pouco de suas experiências. O objetivo é ajudar os membros a considerar situações interpessoais a partir de diferentes pontos de vista.

Questões
1. O que é psicopatologia?
2. Como se caracteriza o comportamento neurótico?
3. Caracterize o comportamento psicótico.
4. Trace um paralelo entre neurose e psicose.
5. Exemplifique duas reações neuróticas.
6. Qual a diferença entre as psicoses funcionais e as psicoses orgânicas?
7. Dê o conceito de psicoterapia e explique os principais enfoques psicoterápicos.

Bibliografia

ADCOK, Christine J. *Manual de Psicologia*. Rio de Janeiro: Zahar, 1976.

ALENCAR, Eunice M.L. Soriano de. *Psicologia: Introdução aos princípios básicos do comportamento*. Petrópolis: Vozes, 1978.

ALLPORT, Gordon W. *Desenvolvimento da personalidade*. São Paulo: EPU, 1975.

ANASTASI, Anne. *Testes psicológicos*. São Paulo: Universidade de São Paulo, 1975.

ARAGÃO, Wanda M. *Psicologia – Um estudo introdutório*. Rio de Janeiro: 1976.

ARDILA, Rubén. *La psicologia contemporanea*. Buenos Aires: Paidós, 1972.

BARBER, Paul J. & LEGGE, David. *Percepção e informação*. Rio de Janeiro: Zahar, 1976.

BEE, Helen. *A criança em desenvolvimento*. São Paulo: Harper & Row, 1977.

BIGGE, M.L. & HUNT, M.P. *Bases psicológicas de la educación*. México: Trillas, 1975.

BIRCH, David & VEROFF, Joseph. *Motivação*. São Paulo: Herder, 1970.

BLEGER, José. *Psicologia de la conducta*. Buenos Aires: Paidós, 1979.

BLUNDELL, John. *Psicologia fisiológica*. Rio de Janeiro: Zahar, 1976.

CAMPOS, Dinah M.S. *Psicologia da aprendizagem*. Petrópolis: Vozes, 1971.

COFER, C.N. & APPLEY, M.H. *Psicologia de la motivación – Terapia e investigación*. México: Trillas, 1975.

CUELI, José & REIDL, Lucy. *Teorias de la personalidad*. México: Trillas, 1974.

CULCLASURE, David F. *Sistema nervoso*. São Paulo: Edgard Blücher; Brasília: Ed. da Universidade de Brasília, 1973.

DAY, R.H. *Psicologia da percepção*. São Paulo: José Olympio, 1969.

DORIN, Lannoy. *Introdução à psicologia*. Editora Itamaraty, 1971

_____ *Psicologia educacional*. São Paulo: Editora do Brasil, 1973.

_____ *Psicologia geral*. São Paulo: Ed. do Brasil, 1976.

EDWARDS, David C. *Manual de psicologia geral*. São Paulo: Cultrix, 1973.

EVANS, Phil. *Motivação*. Rio e Janeiro: Zahar, 1976.

FADIMAN, James & FRAGER, Robert. *Teorias da personalidade*. São Paulo: Harper & Row, 1979.

FRAIZIER, S.H. & CARR, A.C. *Introdução a la psicopatologia*. Buenos Aires: Editorial "El'Ateneo", 1983.

FREEDMAN; CARLSMITH; SEARS. *Psicologia geral*. São Paulo: Cultrix, 1973.

FREEMAN, Frank S. *Teoria e prática dos testes psicológicos*. Lisboa: Fundação Calouste Gulbenkian, 1976.

GAGNÉ, Robert. *Como se realiza a aprendizagem*. Rio de Janeiro: Livros Técnicos e Científicos, INL, 1974.

GAHAGAN, Judy. *Comportamento interpessoal e de grupo*. Rio de Janeiro: Zahar, 1976.

GEIWITZ, P. James. *Teorias não-freudianas da personalidade*. São Paulo: EPU, 1973.

GILMER, B. von Haller. *Psicologia general*. México: Harla, 1974.

GREENE, Judith. *Pensamento e linguagem*. Rio de Janeiro: Zahar, 1976.

HALL, C.S. & LINDZEY, G. *Teorias da personalidade*. São Paulo: Editora Pedagógica e Universitária Ltda., 1973.

HEBB, Donal Olding. *Introdução à Psicologia*. Rio de Janeiro: Atheneu, 1971.

HENNEMAN, Richard H. *O que é Psicologia*. Rio de Janeiro: José Olympio, 1974.

HILGARD, Ernest; ATKISON, Richard; ATKISON, Rita. *Introduction to Psichology*. New York: Harcont Brace Javonovich, 1971.

HILGARD, E.R. *Teorias da aprendizagem*. São Paulo: EPU, INL & MEC, 1973.

HYDE, Margaret O. & MARKS, Edward S. *Iniciação à Psicologia*. São Paulo: Cultrix, 1970.

KELLER, Fred S. *A definição de Psicologia*. São Paulo: EPU, 1974.

KENLLER, HAWARD. *Basic Psychology*. New York: Appleton-Century, 1968.

KRECH, David; CRUTCHFIELD, Richard S.; BALLACHEY, Egerton L. *O indivíduo na sociedade: Um manual de Psicologia social*. São Paulo: Pioneira, 1975.

_____ *Elementos de Psicologia*. São Paulo: Pioneira, 1974.

KUETHE, James L. *O processo ensino-aprendizagem*. Porto Alegre: Globo, 1974.

LAMBERT, Willian W. & LAMBERT, Wallace E. *Psicologia social*. Rio de Janeiro: Zahar, 1975.

LEEB, Luis H. *Relaciones Humanas*. México: Edicol, 1973.

LEGGE, David. *Introdução à ciência psicológica*. Rio de Janeiro: Zahar, 1976.

LEVIN, Jo Melinda. *Psychology – A Biographical Approach*. New York: McGraw-Hill, 1978.

LUNDIN, Robert W. *Psicologia uma análise do comportamento*. São Paulo: EPU, 1975.

_____ *Psicologia da personalidade*. Rio de Janeiro: José Olympio, 1974.

MARX, Melvin H. & HILLIX, Willian A. *Sistemas e teorias em Psicologia*, São Paulo: Cultrix, 1973.

McNEIL, Elton B. *Psicologia experimental – O fato de ser humano*. São Paulo: Hemus, 1975.

McGURK, Harry. *Crescimento e mudança*. Rio de Janeiro: Zahar, 1976.

MILHOLLAN, Frank & FORISHA, Bill E. *Skinner X Rogers – Maneiras contrastantes de encarar a educação*. São Paulo: Summus, s/d.

MORGAN, Clifford T. *Introdução à Psicologia*. São Paulo: McGraw-Hill, 1977.

_____ *Psicologia fisiológica*. São Paulo: EPU, 1973.

MUSSEN, Paul H. *O desenvolvimento psicológico da criança*. Rio de Janeiro: Zahar, 1972.

OLMSTED, Michel S. *O pequeno grupo social*. São Paulo: Herder, 1970.

PECK, David & WHITLOW, David. *Teorias da personalidade*. Rio de Janeiro: Zahar, 1976.

RADFORD, John & KIRBY, Richard. *A pessoa em Psicologia*. Rio de Janeiro: Zahar, 1976.

REICH, Ben & ADCOCH, Christine. *Valores, atitudes e mudança de comportamento*. Rio de Janeiro: Zahar, 1976.

RODRIGUES, Aroldo. *Psicologia social*. Petrópolis: Vozes, 1975.

RODRIGUES, Marlene. *Psicologia educacional – Uma crônica do desenvolvimento humano*. São Paulo: McGraw-Hill, 1976.

SARGENT, S. Stansfeld & STAFFORD, Kenneth R. *Ensinamentos básicos dos grandes psicólogos*. Porto Alegre: Globo, 1977.

SAWREY, James M. & TELFORD, Charles W. *Psicologia educacional*. Rio de Janeiro: Livros Técnicos e Científicos, 1976.

SCHRAML, Walter J. *Introdução à moderna Psicologia do desenvolvimento para educadores*. São Paulo: EPU, 1977.

SMITH, Henry C. *Desenvolvimento da personalidade*. São Paulo: McGraw-Hill, 1977.

STAFFORD-CLARK, David. *O que Freud realmente disse*. Porto Alegre: Globo, 1978.

TELFORD, Charles W. & SAWREY, James M. *Psicologia – Uma introdução aos princípios fundamentais do comportamento*. São Paulo: Cultrix, 1973.

WALKER, Stephen. *Aprendizagem e reforço*. Rio de Janeiro: Zahar, 1977.

WHELDALL, Kevin. *Comportamento social*. Rio de Janeiro: Zahar, 1976.

WITTIG, Arno F. *Introduction to Psychology*. New York: McGraw-Hill, 1977.

Grupos, organizações e instituições
Georges Lapassade

Escrito por Georges Lapassade (1924-2008) entre 1963 e 1964, *Grupos, organizações e instituições* hoje é um clássico nas Ciências Humanas, de interesse especial para a Psicologia Social. Trata-se de uma pesquisa avançada a respeito da burocracia, com referências que cobrem do final do século XIX ao início dos anos 1960.

Para esse período, o autor delimitou três fases: a primeira corresponde ao estabelecimento da sociedade capitalista industrial em que os trabalhadores se organizavam em ofícios; a segunda corresponde à burocratização das grandes empresas e às organizações operárias em sindicatos; a terceira é a da automação industrial moderna, com o surgimento de uma nova classe operária a reivindicar a autogestão. A essas fases correspondem focos diferentes: os grupos, as organizações e as instituições.

Conecte-se conosco:

f facebook.com/editoravozes

⬛ @editoravozes

𝕏 @editora_vozes

▶ youtube.com/editoravozes

◉ +55 24 2233-9033

www.vozes.com.br

Conheça nossas lojas:
www.livrariavozes.com.br

Belo Horizonte – Brasília – Campinas – Cuiabá – Curitiba
Fortaleza – Juiz de Fora – Petrópolis – Recife – São Paulo

EDITORA VOZES LTDA.
Rua Frei Luís, 100 – Centro – Cep 25689-900 – Petrópolis, RJ
Tel.: (24) 2233-9000 – E-mail: vendas@vozes.com.br